U0486950

大西安印象

大西安三六九

中共西安市委　西安市人民政府/编著

西安出版社

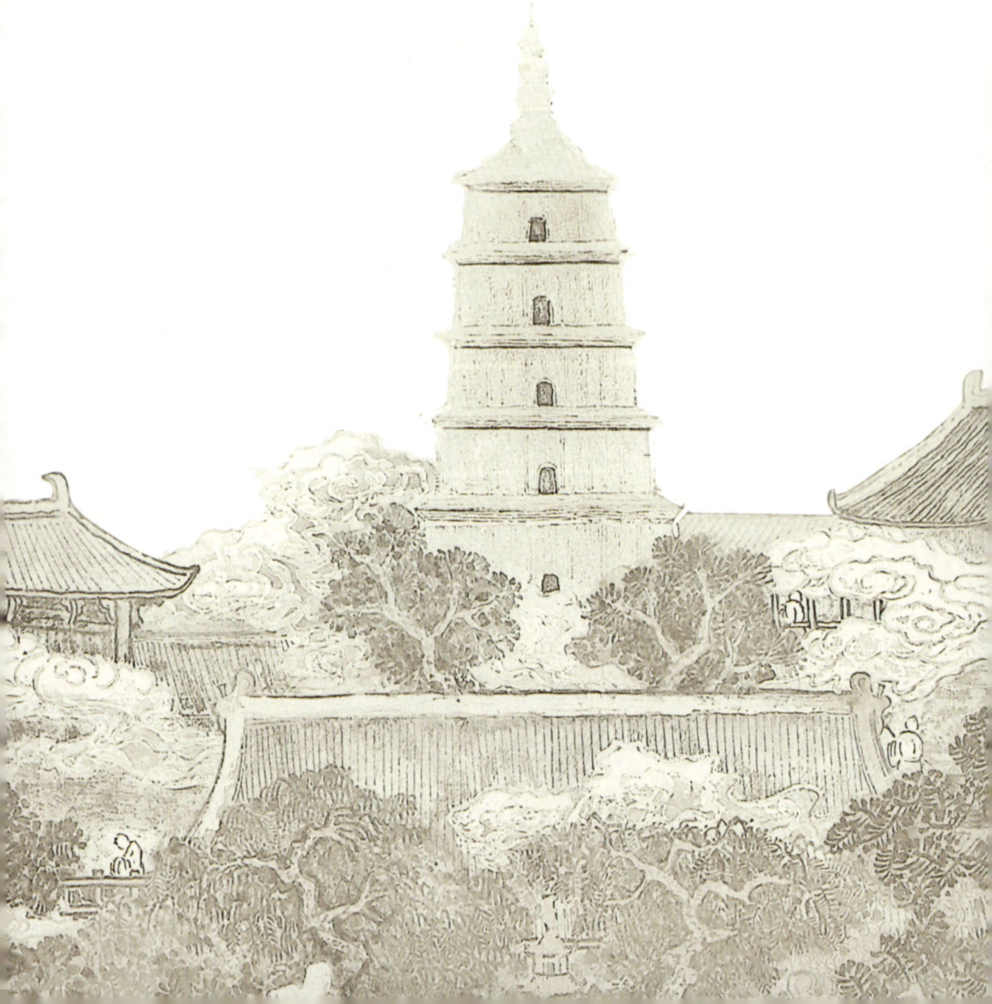

西安名片

全国文明城市　　　　　　　全国自主创新示范区

国家卫生城市　　　　　　　全面创新改革试验区

国家园林城市　　　　　　　国家自贸试验区西安核心区

全国科技进步先进城市　　　中国优秀旅游城市

国家知识产权示范城市　　　中国民营经济最具活力城市

国家高技术产业基地　　　　中国十佳和谐可持续发展城市

中国服务外包示范城市　　　中国十大创新型城市

国际著名旅游目的地城市　　海外高层次人才创新创业基地

西安档案

中文名称：西安市	市区规划面积：865平方公里
英文名称：Xi'an City	常 住 人 口：883.21万人
古　　　称：长安	市区气候条件：年平均气温15.8℃左右
行政类别：省会、副省级市	城 市 市 花：石榴花
所属地区：陕西省	城 市 市 树：国槐
下辖地区：十一区、两县	机　　　场：西安咸阳国际机场
代管区域：西咸新区	行 政 中 心：西安市凤城八路109号
邮政编码：710000	市 长 热 线：029-87295170
电话区号：029	政 府 网 站：http://www.xa.gov.cn/

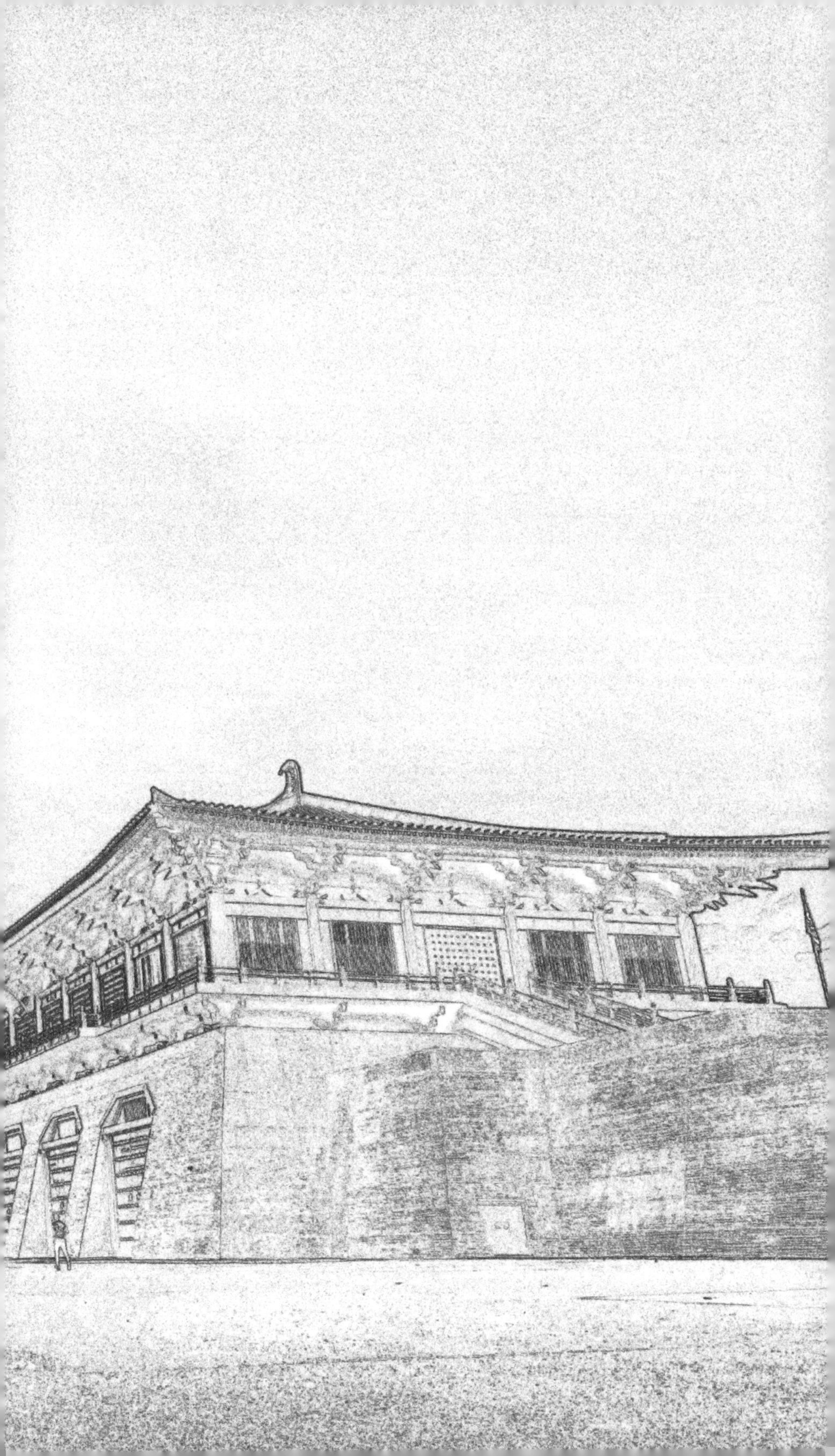

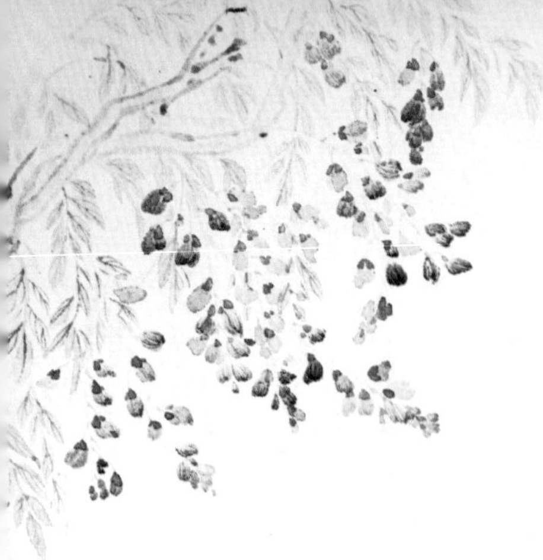

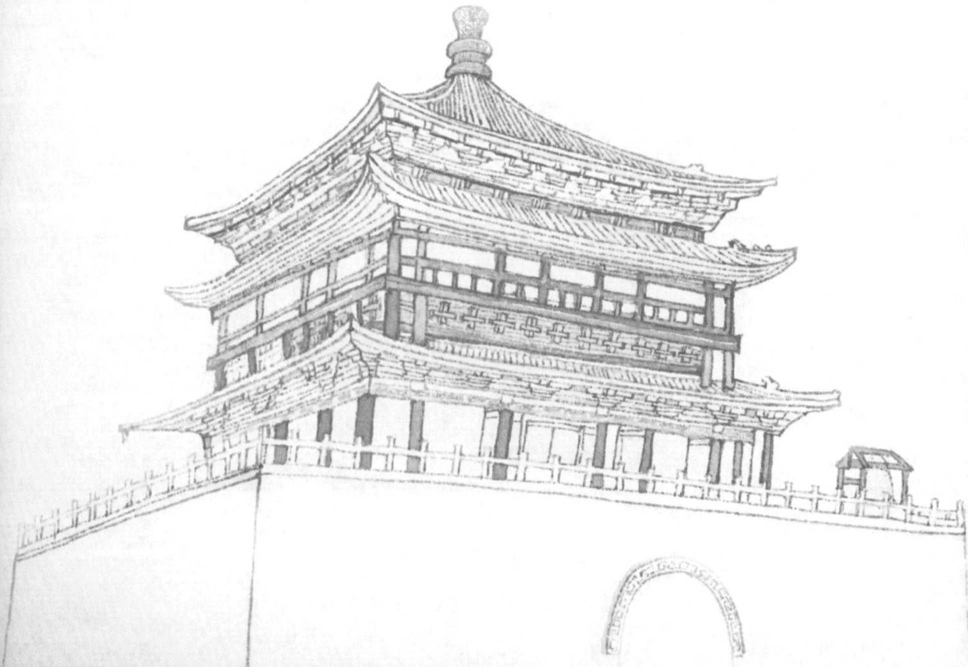

序　言

这里是西安，丝绸之路的起点，十三朝古都，中华文明的发源地。

西安是陕西省省会，南倚秦岭，北临渭水，四季分明，气候宜人。绵延千里的秦岭，是西安天然的生态屏障，秦岭北麓西安段长约166公里，有48个大的峪口，面积占全市总面积的54.5%，被联合国评为世界地质公园。

西安地处中国地理版图中心，总面积10096.81平方公里，市区规划面积865平方公里，城市建成面积565.75平方公里，户籍人口900万，常住人口883.21万，辖11区2县、7个国家级开发区，代管国家级西咸新区。

西安是世界上古代城池系统保存最完整的历史文化名城。早在旧石器时代，蓝田人已在此揭开人类文明的新一页。中国历史上周、秦、汉、唐等13个王朝在此建都，共计有1100多年建都史、3100多年建城史。目前已有秦始皇陵及兵马俑、大雁塔、小雁塔、唐长安城大明宫遗址、汉长安城未央宫遗址、兴教寺塔6处遗产被列入《世界遗产名录》。近年来，西安依托丰厚的历史文化遗存，先后建成大明宫国家遗址公园、城墙南门景区等众多遗址保护工程，使这座拥有"天然历史博物馆"美誉的城市展现出文明源脉之城的独特风貌。

西安国防科技工业基础实力仅次于北京,科技人才、科技力量、研发水平居全国第三位。拥有两院院士86位,高校82所,多家科研机构,在校大学生超过83.1万人,省部级以上重点实验室、工程技术研究中心208家(国家级重点实验室16家,省部共建实验室3家,省级重点实验室74家;国家级工程技术研究中心2家,省级工程技术研究中心113家),军工企业单位44家,投资控股或管理的单位207家。西安聚集了国内航天1/4以上的、航空近1/3的科研单位、专业人才及生产力量,拥有全国唯一一个军民两用的试飞院,运-20大飞机的设计、生产、试飞等环节都在西安,从"神一"到"神十"飞船再到天宫一号的主动力发动机全部是西安航天基地制造。

西安是中国大地原点所在,从西安到中国各大城市的平均距离最短,公路、铁路、航空等交通体系发达。已基本形成以"一环十二辐射"为主骨架的公路网,覆盖全市、辐射周边、通江达海,在全国高速公路网中处于东联西进、沟通南北的主枢纽地位;西安北站是亚洲最大的火车站(18台34股道),也是全国仅有的3个可以直达所有省级行政区政府所在地和重要地级市的车站之一;西安咸阳国际机场开通航线337条,其中国内外通航点198个,国际航线57条,是西北首个实行72小时过境免签政策的航空口岸。除此之外，西安还拥有中国最大的也是唯一获得国际、国内双代码的内陆港口，形成了"港口内移、就地办单、多式联运、无缝对接"的独具特色的统合物流体系，并打造成为以陆港为依托的国际货运枢纽和以空港为依托的国际航空枢纽。

西安是中华文明的根脉城市之一，汉唐文化是中华儿女共同历史记忆，依托丰厚的文化宝藏，西安将建成中华民族共有精神家园标识地，全面提升文化自信，推动文化繁荣兴盛。此外，西安对传统文化进行创造性转化、创新性发展，聚集和培育一批名师大家、精品力作、文创品牌，打造"马克思主义中国化+中华优秀传统文化现代化+世界优秀文化融合化"的丝路文化高地。

西安这座千年古都带着时代赋予的使命，站在丝路文化高地上奋力追赶超越。相信不久的将来，西安一定会成为美丽中国的城市样本、绿色宜居的品质之城和完成复兴使命的国际化大都市。

三大目标	34
六维支撑	37
九大任务	39
战略核心	63
附　录	75

目录

六大优势 1

行动指南 21

机遇挑战 25

政策红利 29

指导思想 32

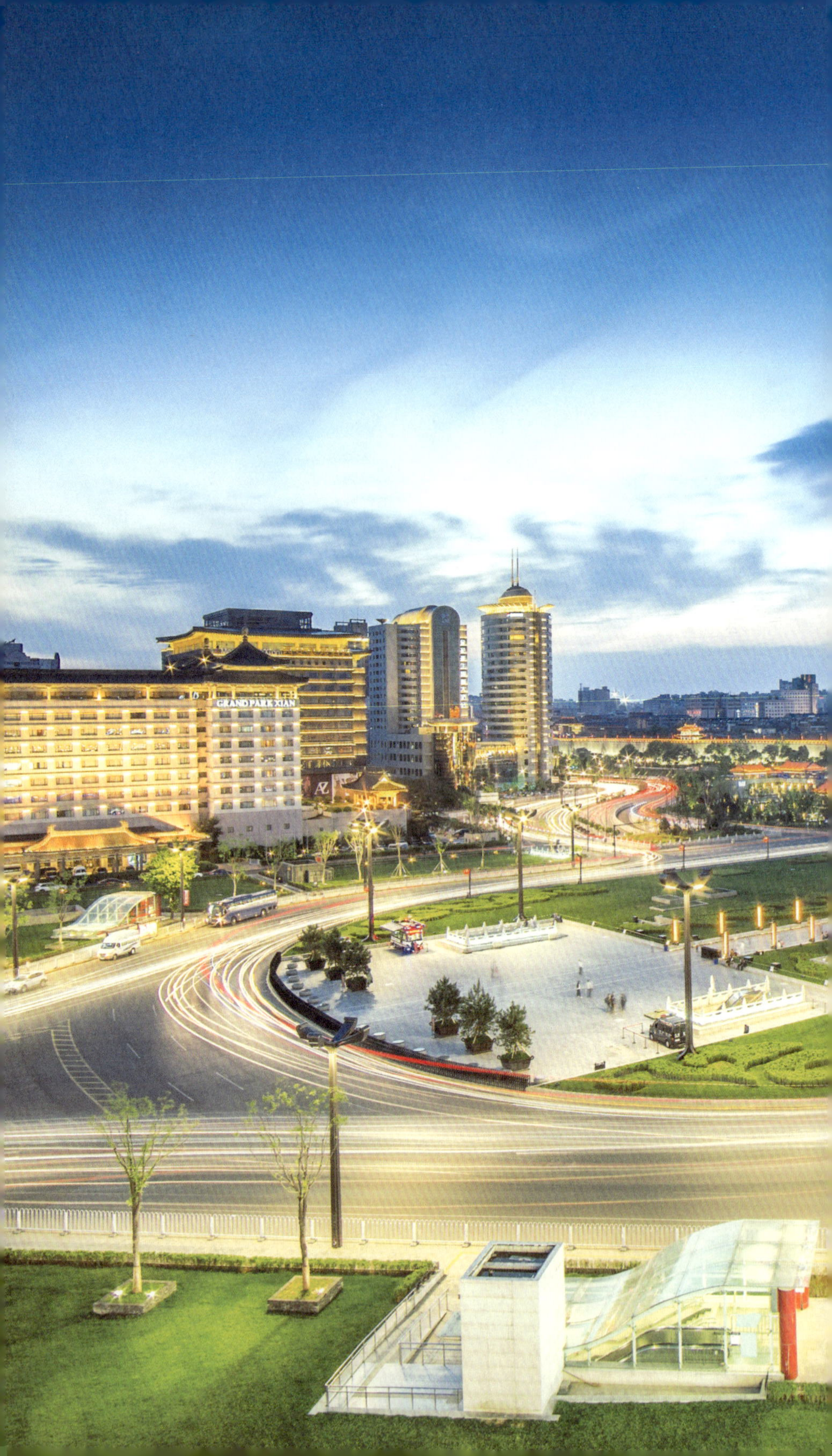
GRAND PARK XIAN

六大优势

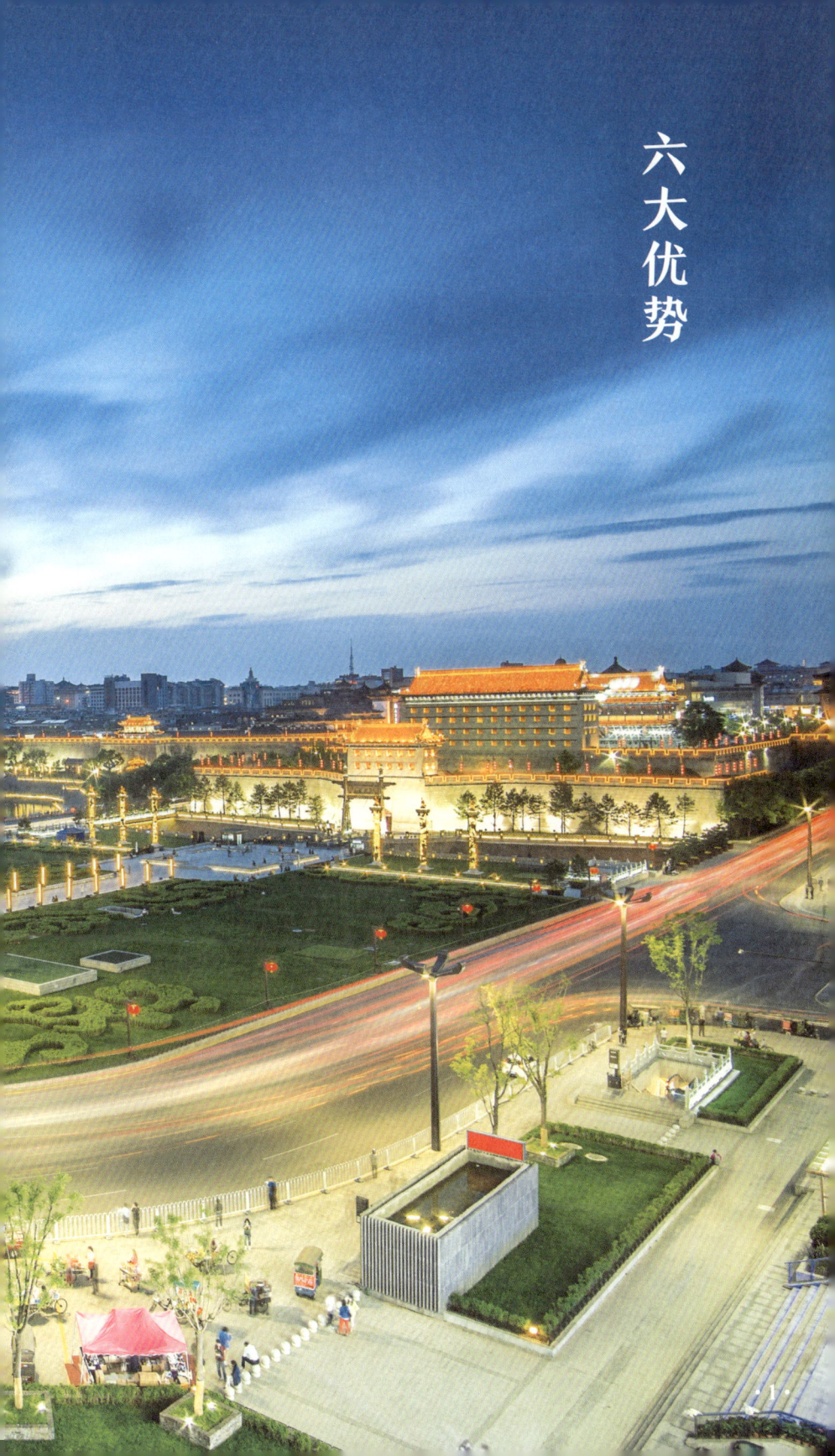

优势一：文化底蕴深厚

西安是中国传统文化的重要发源地，也是世界文化格局中的重要节点城市。张骞从这里出使西域、凿空开荒，开启了千年丝路文明；司马迁在这里倾尽心血，写就了中国的"荷马史诗"——《史记》；唐玄奘从这里踏上西行取经、追求信仰的漫漫征途；李白在这里"斗酒诗百篇"；杜甫在这里吟唱出"露从今夜白，月是故乡明"的名句；张载在这里创立了"为天地立心，为生民立命，为往圣继绝学，为万世开太平"的"关学"；佛教八大宗派中6个宗派的祖庭都在西安……这些都凝结成了西安传统文化的根脉，西安也被形象地称为"一城文化，半城神仙"。

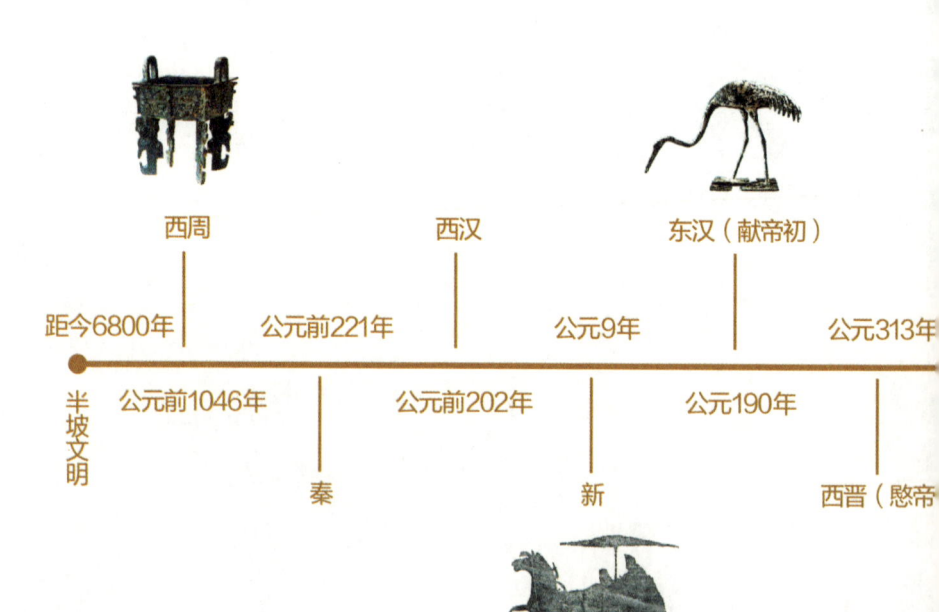

西周　　　　　西汉　　　　东汉（献帝初）

距今6800年　　公元前221年　　公元9年　　　公元313年

半坡文明　公元前1046年　　公元前202年　　公元190年

秦　　　　　　新　　　　　西晋（愍帝

文明史久远

西安古称长安,是华夏文明和中华民族的重要发祥地。早在距今约110万年前的旧石器时代,西安就是蓝田猿人的聚居区。而在距今约6000年前的新石器时代早期,西安就已经形成了"半坡""姜寨"等原始聚落,特别是杨官寨遗址的发现,更是将中国城市历史向前推进到距今约5500年前。西安因此成为"世界上最古老的十大城市"之一。

前赵		后秦		北周	
	公元350年		公元535年		公元581年
公元319年		公元386年		公元557年	唐 公元618年
	前秦		西魏		隋

建都史悠久

西安有着3100多年的建城史、1100多年的建都史，先后有13个王朝在这里建都（其中包括中国历史上最强盛的4个朝代：中国奴隶社会的顶峰西周王朝、中国第一个大一统帝国秦朝、中国第一个盛世西汉王朝、中国封建社会的顶峰唐朝），是中国建都时间最长、建都朝代最多、影响力最大的都城，被誉为"世统屡更，累起相袭，神灵所储"的"帝王之宅"（宋《长安志·原序》），与雅典、开罗、罗马并称"世界四大文明古都"。

历史遗存浩瀚

西安拥有秦始皇陵及兵马俑、汉长安城未央宫遗址、唐长安城大明宫遗址、大雁塔、小雁塔、兴教寺塔等6处世界文化遗产，现有文物点3246个，各级重点文物保护单位392处（国家级52处，省级105处，市县级235处），各类博物馆123座，被誉为中国的"天然历史博物馆"。

文化融合多元

早在1300多年前的盛唐时期，西安就成为享誉世界的国际大都会。当时，在这里的外国使节、学者、商人、僧侣达10万人之多，对中西方文明相互传播、相互融合产生了深远影响。目前西安常住外籍人口近万人，每年来访的外国人超过130万人次，继续发挥着东西方文明交流窗口的重要作用。

城市胸怀广博

"承古开新、开放包容"是西安城市精神的重要内涵。近年来，西安一方面不断向外推广文化品牌，努力成为向世界展示中国历史的"底片"和中国文化的"名片"；另一方面不断引进各类先进的文化和高品质的人才，西安推出"23条人才新政"，计划5年内投入38亿元，引才育才100万名，描绘出构建大西安人才高地的美好蓝图。从2017年3月1日"户籍新政"实施以来，已有11万名大学生落户西安，比同期增长了3倍多。在2017年第一季度全国人才净流入率最高的前10位城市中，西安排名第四。西安秉持着"店小二"精神，努力塑造尊重人、了解人、关心人、提高人的城市人文氛围，积极营造亲商、扶商、安商的投资环境，千方百计为来西安发展的人才提供更多、更好的公共服务，吸引更多科技前沿和产业高端、高层次人才来西安创业发展。

优势二：军工资源富集

西安集中了百余家航空航天、兵器工业、电子信息企业和科研院所，拥有全国第二的军工资源实力。聚集了国内航空1/3以上，航天近1/4的科研、生产力量；专业人才众多，科研成果丰硕。预计到2021年，军民融合产业年营业收入将超过3300亿元。

航空航天

航空产业方面，围绕航空制造和航空服务，构建涵盖整机制造、发动机研制、零部件加工、航空材料、航空维修与改装、试飞试验保障等的完整产业链。依托龙头企业，推进大飞机、北斗导航等项目建设，加快发展航空航天产业。积极引导民营企业进入航空转包生产及航空配套服务等领域。航天产业方面，围绕国家重大科技工程，依托在西安的系统内核心科研机构，重点突破关键技术。推动以航天运载动力、卫星测绘、北斗导航、授时、通信及位置应用为主业的卫星应用产业整体发展。依托卫星应用海量数据处理平台，构建大数据服务体系。

重点科研院所

- 中国兵器工业集团公司第204研究所
- 中国兵器工业集团公司第205研究所
- 中国煤炭科学研究总院西安分院
- 中国航空工业第一集团公司第603研究所
- 中国航空工业集团公司第618研究所
- 中国航天科技集团公司空间电子信息技术研究院
- 中国航天科技集团公司西安微电子技术研究所
- 中国科学院西安光学精密机械研究所

优势三：科技资源丰厚

西安综合科研实力位居全国第三、拥有多家各类科研机构，省部级以上重点实验室、工程技术研究中心208家，国家级重点实验室16家，省部共建实验室3家，省级重点实验室74家；国家级工程技术研究中心2家，省级工程技术研究中心113家，两院院士86位，是"全国十大创新城市"之一。作为全国科教和军工资源的聚集地，西安提出了"硬科技"的发展理念。

古代西安在科学技术方面曾经取得许多辉煌的成就，对中华民族和世界文明做出巨大贡献。中华人民共和国成立后，西安科技事业蓬勃发展，科技成果大量涌现。许多尖端科技成果，从中国第一颗人造卫星到第一颗实用通讯广播卫星，从第一颗原子弹、氢弹到第一枚洲际导弹，都凝聚着西安广大科技工作者的智慧和心血。国内第一台微型电子计算机、第一块集成电路板、第一台500千伏超高压输变电设备、第一台航用相控阵雷达、第一台微型涡喷发动机、第一台稀土永磁电机、运-20大飞机等，都是在西安研制成功的，为促进经济发展、推动社会进步发挥了重要作用。

科技创新

科研力量

西安科技力量雄厚、人才众多。至2015年末,全市拥有国家级重点实验室16个、工程技术研究中心和行业测试中心2个,科技活动人员16.06万人。2015年末全市研究机构646家。截至2017年末,全市拥有两院院士为86人。

科技投入

2015年,全市财政科技投入达25.44亿元,较上年增加11.95亿元,增长88.58%,占全市一般预算财政支出的2.92%。

科技成果

2015年,全市实现技术成果交易额660.94亿元、增长24.58%,居副省级城市第一位。专利申请量60896件,居副省级城市第五位,其中发明专利申请量为14024件,居副省级城市第十位。每万人发明专利拥有量达到22.73件,是全国平均值的3.6倍。全年实施市级科技计划项目165项。高新技术企业1506家,重点扶持高新技术企业29家。两个"国字号"创新改革试验稳步推进,科技创新能力大幅增进。

2016年,实现技术成果交易额732.81亿元,是2011年的3.58倍。全市专利申请量46103件、授权量38279件,分别是2011年的1.7倍、4.1倍。2015年R&D经费支出占地区生产总值的5.24%,分别高于全国、全省3.18和3.08个百分点。技术市场交易额、研发投入占生产总值比重稳居副省级城市第一,荣获"全国十大创新城市"称号。

西安市发展硬科技产业十条措施

一、推进西安科学园建设，重点是推进中科院西安科学园建设，争取建设国家综合性科学中心。

二、建设国家军民融合创新示范区，争取在飞机设计制造、航空发动机、通用飞机、航天运载系统、卫星应用等领域，推进军转民、民融军、军民两用技术标准化和产业化。

三、强化硬科技"八路军"产业招商。实施市与区县、开发区联动，引进一批硬科技的龙头企业和骨干企业。鼓励外资通过合资、参股、并购等方式参与西安地区企业改造和兼并重组。

四、建设校地重大合作创新平台，重点推进西部科技创新港、翱翔小镇、西部创新谷建设和国家增材制造创新中心等国家实验室和研究院建设。

五、促进硬科技产业关键核心技术知识产权自主化。支持企业建设企业技术中心、工程（技术）研究中心、重点实验室等研发机构，支持企业与国内外知名研发机构合作成立研发中心。

大力推进众创载体建设。支持高等院校建立成果转化和人才创业平台。支持军工集团、重点企业建设专业众创空间。引进国内外知名众创孵化机构设立专业孵化器。

设立1000亿元大西安产业发展基金，发挥财政资金引导作用，为推进硬科技产业发展提供多元化资金保障。

办好"全球硬科技创新大会"，集中力量办好每年一度的"全球硬科技创新大会"，以及"科技人才峰会""国际创新创业大会""国际创业大赛""丝绸之路国际创新设计周""西安全球硬科技产业科博会"等活动，厚植创新文化，塑造西安硬科技品牌。

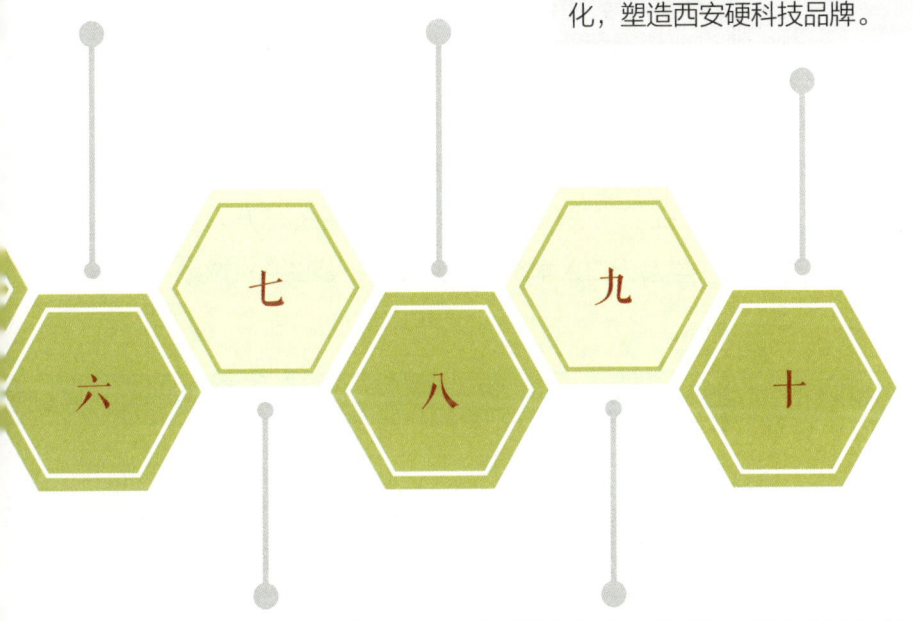

六　七　八　九　十

打造全球硬科技人才高地。推进国家"千人计划"和陕西省"百人计划"，实施以"5531"计划和城市合伙人为核心的"西安丝路英才计划"。

加强科技大市场建设和知识产权保护。建设技术转移概念验证中心，完善科技政策联络员体系，加快国家技术转移西北中心和国家知识产权运营军民融合特色平台建设。

优势四：教育资源充沛

西安是我国高等院校和科研院所最为集中的城市之一，拥有高等院校82所，其中"双一流"大学8所，"一流"学科720个。在校大学生73万人、研究生9.41万人，每年毕业生超24.1万人。

全市有高等院校82所，在校学生83.1万人，每年毕业生24.1万人，另有研究生培养单位43个，在校研究生9.47万人，硕士、博士毕业生2.48万人；普通中学422所，在校学生40.7万人，毕业生13.96万人；小学1190所，在校学生59.79万人，毕业生8.46万人。小学、初中学龄人口入学率分别为99.98%和99.86%。

高等院校	省部级以上重点实验室、工程技术研究中心	国家级重点实验室
82所	208家	16个

西安教育实力居全国城市前列，可以为企业发展提供高质量的人才保障和高水平的智力支撑。

在校大学生	年毕业大学生	硕士、博士毕业生	两院院士
73万人	24.1万人	2.48万人	86人

2016年各级各类学校情况

类别	学校（所）	教职工（万人）	专任教师（万人）	在校学生（万人）
高等院校	82	7.36	4.72	83.1
中学	422	4.13	3.18	40.7
小学	1190	3.46	3.31	59.79

教育事业成绩显著。2016年全市财政一般预算教育支出121.58亿元，是2011年69.22亿元的1.76倍。基础教育更加注重均衡发展，实施了大学区管理体制改革、校车工程等，2011—2013年新建和改扩建标准化幼儿园286所，2014—2016年实施496所义务教育学校标准化建设。2016年全市普通高等院校招生23.1万人，在校生83.1万人，毕业生24.1万人，分别比2011年增加2.82万人、6.5万人、4.4万人。

世界一流大学和一流学科，简称"双一流"。建设世界一流大学和一流学科，是中国共产党中央委员会、中华人民共和国国务院做出的重大战略决策，亦是中国高等教育领域继"211工程""985工程"之后的又一国家战略，有利于提升中国高等教育综合实力和国际竞争力，为实现"两个一百年"奋斗目标和中华民族伟大复兴的中国梦提供有力支撑。

陕西"双一流"大学

一流大学建设高校A类

西安交通大学
（34个专业入选"一流"学科）

西北工业大学
（31个项目入选"一流"学科）

一流大学建设高校B类

西北农林科技大学
（19个专业入选"一流"学科）

一流学科建设高校

西北大学（34个专业入选"一流"学科）
西安电子科技大学（26个专业入选"一流"学科）
长安大学（23个专业入选"一流"学科）
陕西师范大学（18个专业入选"一流"学科）
第四军医大学（6个专业入选"一流"学科）

陕西"一流"学科

共720个专业，分布于"双一流"大学和西安建筑科技大学、西安理工大学、西安科技大学、陕西科技大学、西安石油大学、西安工业大学、西安工程大学、西安外国语大学、西北政法大学、西安邮电大学、西安音乐学院、西安美术学院等。

优势五：区域位置独特

大西安范围内有我国大地原点和计时、授时中心，是我国的时空中心，中国陆路交通中公路、铁路和航空交通的运输中心，区域通信枢纽，中国西部最大的物流配送中心，人才和资讯流的交汇中心。

中国科学院国家授时中心承担中国标准时间、标准频率发播任务，是以时间频率研究、授时服务为主，同时开展天体测量学、太阳物理、日地关系、天体力学、人造卫星观测与研究的综合性天文研究机构，是"北京时间的发布者"。授时中心为关乎国民经济发展等的诸多行业和部门提供了可靠的高精度的授时服务，基本满足了国家的需求，特别是为以国家的火箭、卫星发射为代表的航天技术领域做出了重要贡献。

区位优势突出

西安地处中国地理版图的几何中心和中西部两大经济区域的结合部，是联通欧亚、承东启西、连接南北的重要战略枢纽。国务院在《"十三五"现代综合交通运输体系发展规划》中，定位西安为"国际性综合交通枢纽"。西安是国内高速公路、高速铁路密度最大的城市之一，未来将形成"米"字形国家高铁网和高速公路网，4—6小时可到达长三角、珠三角、京津冀地区。同时，西安咸阳国际机场是中国北方第二大门户枢纽机场，截至2017年底已开通国内外航线337条，国内外通航点198个，2015年游客吞吐3297万人次，2016年旅客吞吐3699万人次，2017年旅客吞吐4186万人次。此外，西安还拥有西安综合保税区、西安高新综合保税区、西安出口加工区（A区、B区）等4个海关特殊监管区，与多处海关启动了通关一体化，向西已打通中亚直达欧洲的陆上铁路大通道。

优势六：交通位置优越

西安是联通欧亚、承东启西、连接南北的重要战略枢纽，是中国立体交通网的中心点之一，全国铁路、公路、航空六大交通枢纽之一，2—3小时到达周边省会城市，5—6小时到达环渤海、长三角和珠三角地区。

- 2小时航空圈
- 1日公路圈
- 8小时铁路圈
- 2017年年旅客吞吐量4168多万人次
- 辐射国内2/3以上的通航城市
- 覆盖约8亿人口
- 全国八大区域性航空枢纽之一

铁路

经西安有陇海、包西等10条普速铁路和郑西、西宝、大西3条高速铁路。线路辐射周边8个省市，是进出西北、西南地区的咽喉要道，在全国路网中具有承东启西、连接南北的重要作用。

西安北站是国家大型高铁枢纽，正在建设的新筑铁路综合物流中心是国家一级物流基地，建成后将满足2025年700万吨、2035年930万吨货运量。预计"十三五"末，我市铁路网总规模720公里，高速铁路通行里程345公里。

公路

西安作为新亚欧大陆桥中国段——陇海兰新铁路沿线经济带上最大的西部中心城市，是国家实施西部大开发战略的桥头堡，具有承东启西、连接南北的重要战略地位，是全国干线公路网中最大的节点城市之一。公路建设形成了一个以西安为中心，6条国家高速交会，贯通陕西、辐射周边省市的高等级"米"字形辐射状干线公路系统，有6条国道干线通过。绕城高速、机场新线建成，二环路、三环路全面贯通。市区与所辖区县全部开通高速公路。

航空

西安咸阳国际机场是国内干线重要的航空港、国际定期航班机场、中国民用航空局规划建设的八个区域性枢纽机场之一、国内十大机场之一。

目前拥有3个航站楼、两条跑道。已开通连接国内外198个城市的337条航线，其中国际（地区）航点46个，航线57条，覆盖24个国家的46个城市，形成了"贯通丝路、通达日韩、覆盖东南亚、连接欧美澳"的国际航线网络。2017年旅客吞吐量4168万人次，其中国际旅客198万人次；货邮吞吐量26万吨。

地铁

西安地铁1号线、2号线、3号线已通车运营，实现运营总里程91公里；1号线二期和4、5号线正在加快推进，6、9号线已开工建设。

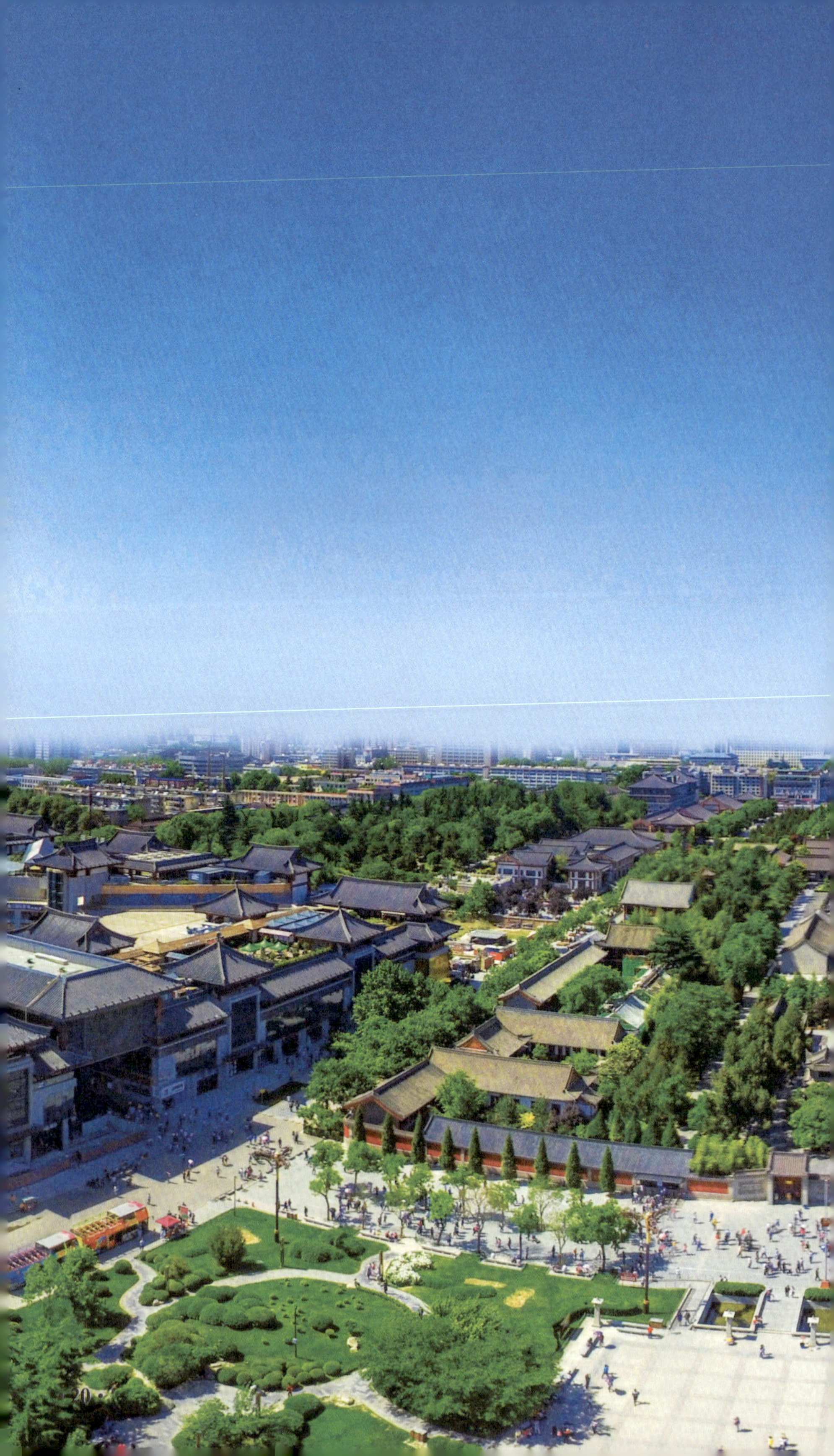

行动指南

"五个扎实"推进陕西发展的要求

要全面贯彻"五个扎实"的新要求,确保习近平总书记的要求在陕西落地生根,就要努力将"五个扎实"落到实处。一是要始终坚持发展第一要务不动摇,着力推动产业优化升级、创新驱动发展、区域和城乡一体化、丝绸之路经济带新起点建设、生态环境治理等重点工作,努力保持经济持续健康发展。二是要大力发展特色现代农业,切实抓好粮食生产,积极推进精准扶贫,让广大农民共享改革发展成果。三是坚定不移地实施文化强省战略,加强公共文化产品和服务供给,继续抓好30个重大文化项目,繁荣发展文化事业和文化产业。四是要完善社会保障体系,进一步提高教育、就业等服务水平,全力维护社会稳定和谐,使全省人民生活得更加自尊自信。五是要严格履行廉政建设"一岗双责",认真贯彻落实国务院第三次廉政工作会议精神,以弘扬延安精神为重点推动作风持续好转,努力营造风清气正的经济社会发展环境。

西安进入追赶超越阶段的科学定位

习近平总书记代表十八届中央委员会向大会作报告时提到，中国特色社会主义进入新时代，我国社会主要矛盾已经转化为人民日益增长的美好生活需要和不平衡不充分的发展之间的矛盾。我国稳定解决了十几亿人的温饱问题，总体上实现小康，不久将全面建成小康社会，人民美好生活需要日益广泛，不仅对物质文化生活提出了更高要求，而且在民主、法治、公平、正义、安全、环境等方面的要求日益增长。同时，我国社会生产力水平总体上显著提高，社会生产能力在很多方面进入世界前列，更加突出的问题是发展不平衡不充分，这已经成为满足人民日益增长的美好生活需要的主要制约因素。

西安作为国家"一带一路"战略的重要节点城市，具有战略地位突出、科技资源丰富、创新实力雄厚的基础和优势。近十几年来，西安经济社会实现了跨越式发展，部分主要经济指标增速位居全国15个副省级城市前列，进入追赶超越阶段。

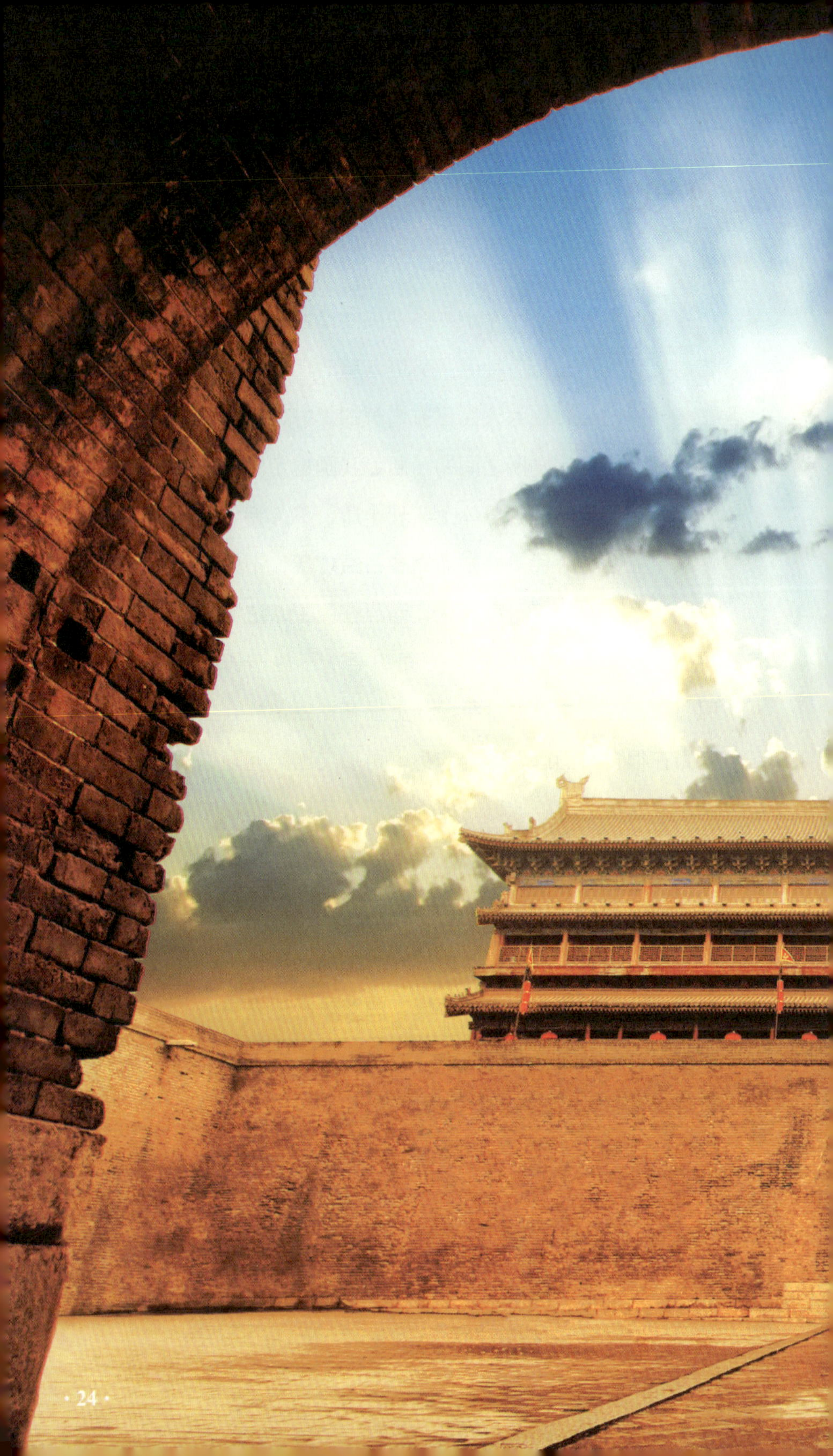

机遇挑战

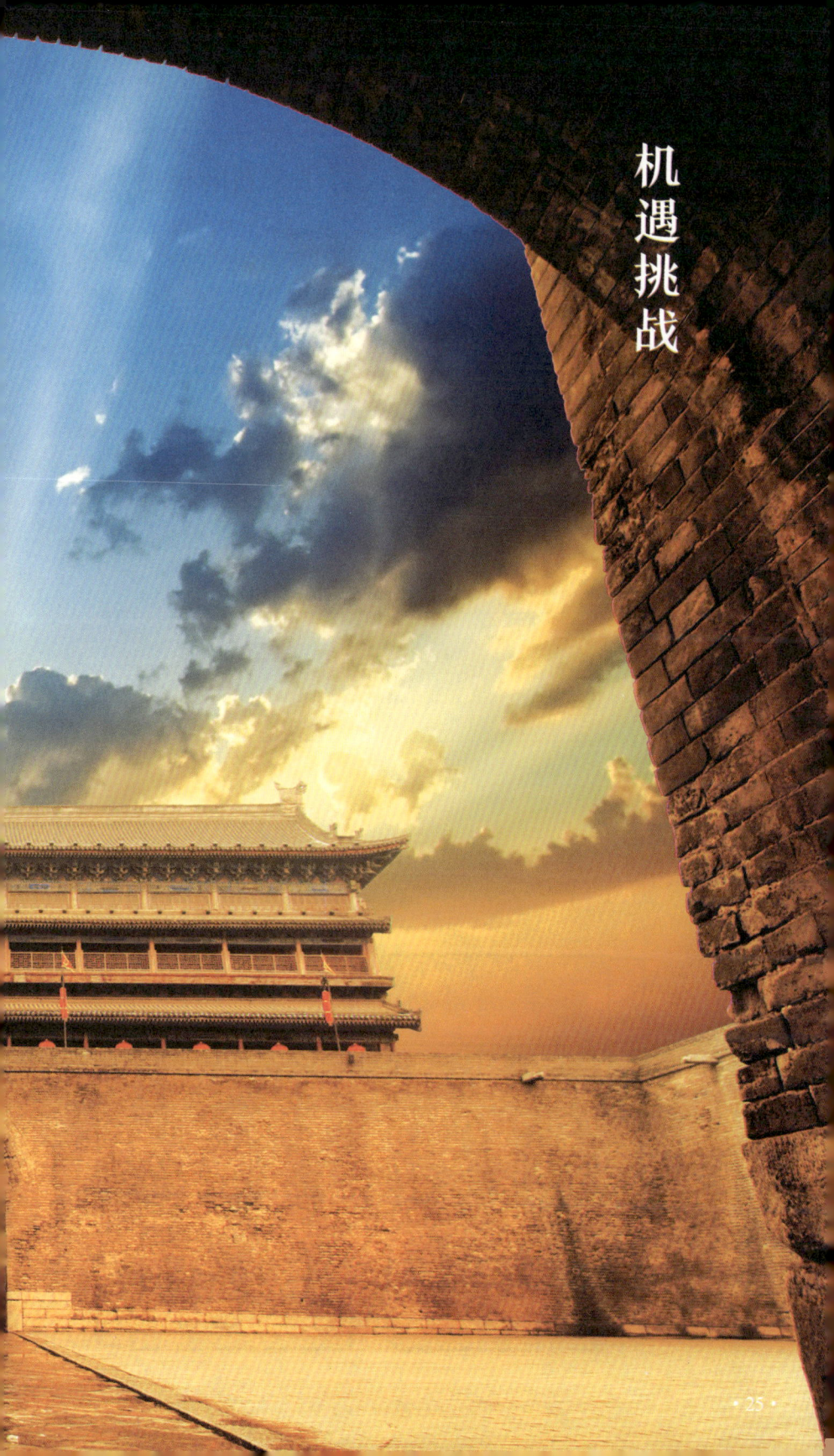

国内外良好的发展态势带来新的机遇

国内外形势

- 世界经济在深度调整中缓慢复苏
- 国内经济呈现稳中向好态势
- 新一轮科技革命和产业变革蓄势待发

国家战略

"一带一路"战略	陕西自贸区西安核心区
国家全面创新改革试验区	新一轮西部大开发
国家自主创新示范区	国家中心城市

城市间激烈的竞争带来新的挑战

经济总量处于副省级城市中后游

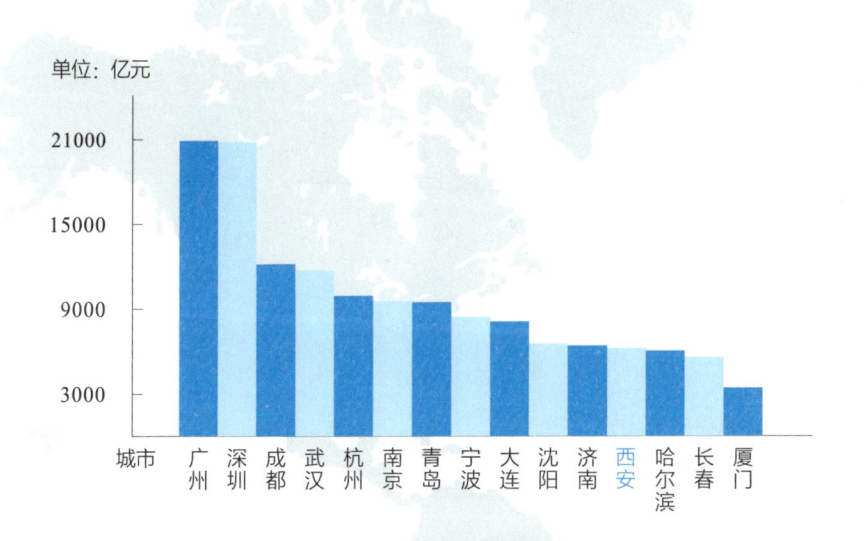

单位：亿元

城市：广州、深圳、成都、武汉、杭州、南京、青岛、宁波、大连、沈阳、济南、西安、哈尔滨、长春、厦门

各个城市之间竞争激烈

国家级新区	设立时间	国家级新区	设立时间
浦东新区（上海）	1992年10月	天府新区（成都、眉山）	2014年10月
滨海新区（天津）	2006年05月	湘江新区（长沙）	2015年04月
两江新区（重庆）	2010年05月	江北新区（南京）	2015年06月
舟山群岛新区（舟山）	2011年06月	福州新区（福州）	2015年08月
兰州新区（兰州）	2012年08月	滇中新区（昆明）	2015年09月
南沙新区（广州）	2012年09月	哈尔滨新区（哈尔滨）	2015年12月
西咸新区（西安、咸阳）	2014年01月	长春新区（长春）	2016年02月
贵安新区（贵阳、安顺）	2014年01月	赣江新区（南昌、九江）	2016年06月
西海岸新区（青岛）	2014年06月	雄安新区（雄县、安新）	2017年04月
金普新区（大连）	2014年06月		

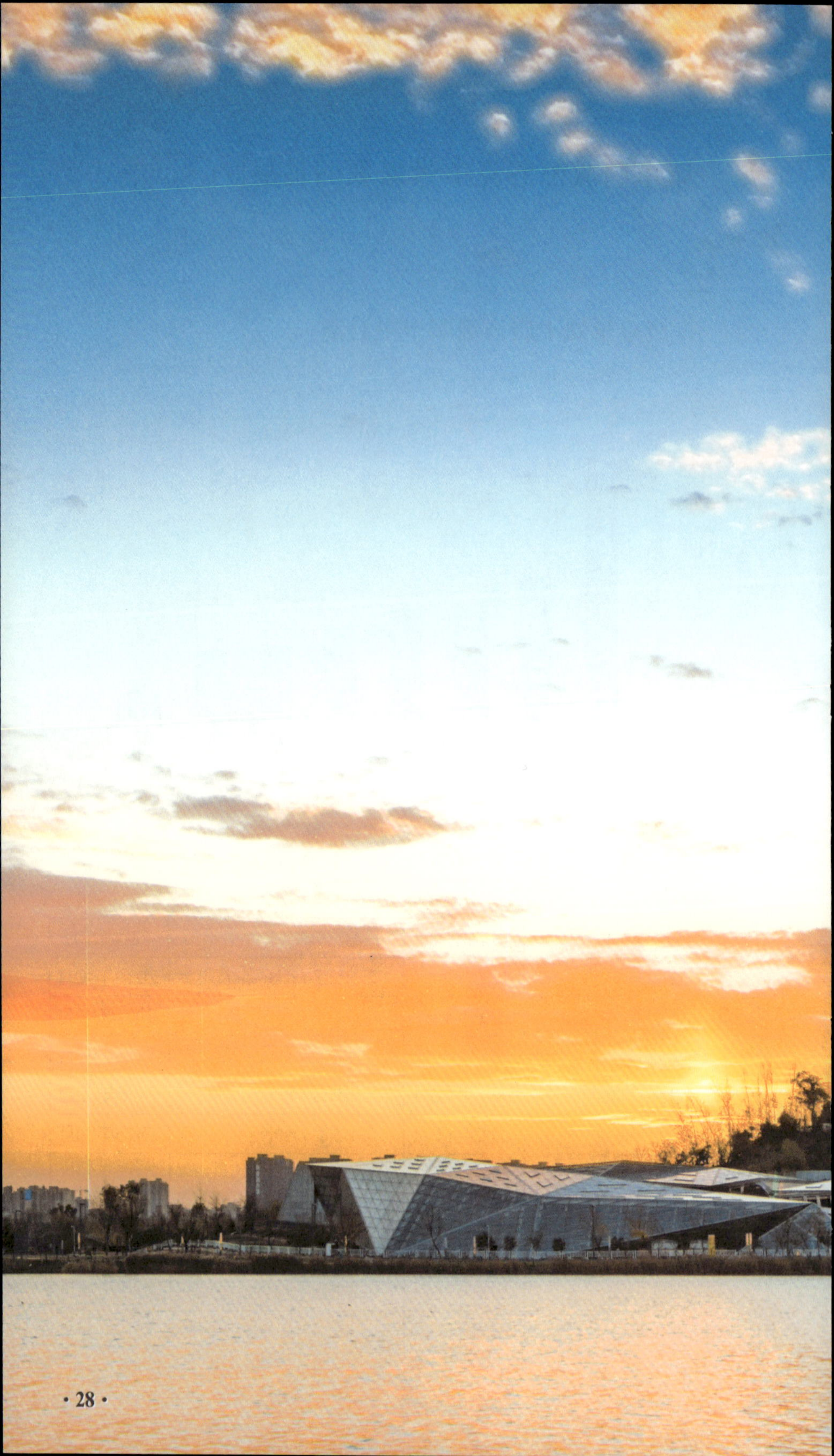

政策红利

全面深化改革

  2015年西安被国家列入全面创新改革试验区，这对于西安打造内陆型改革开放新高地、建设丝绸之路经济带新起点、推进西安国际化大都市建设具有划时代的历史意义。

中国制造2025

据《西安市贯彻〈中国制造2025〉实施意见》，西安制造要用10年时间达到全国中上水平，"创新+互联网"可以使西安制造跃升为"西安智造"。随着三星、比亚迪、中兴、华为等著名企业的落户和发展，在智能终端产业领域西安高新区已经走在全国前列。西安高新区计划通过3—5年的快速发展建立智能手机产业链，着力打造智能手机产业的高端企业聚集区、前沿技术创新集中区和制造研发一体化区，使西安及高新区成为世界最重要的智能手机产业聚集地之一。西咸新区沣西新城发布《智能制造创新基地发展规划纲要》，提出重点发展"机器人、无人机、工业软件、3D打印、智能网联汽车、高档数控机床"六大"智能制造"产业组团。

省委支持大西安建设

陕西省委将西咸新区划归西安管理，有效拓展了西安城市发展空间、创新西安城市发展方式、提升西安城市能级、放大辐射效应，使西安自改革开放以来历史上第一次拥有了大西安的格局和体量。此外，省委支持战略性新兴产业布局和发展，支持旅游业加快发展，加快大西安便捷交通建设，提出相应的财政税收、投资金融及土地等政策。

指导思想

全面贯彻党的十八大和十八届三中、四中、五中、六中全会精神，深入学习习近平总书记系列重要讲话特别是来陕视察重要讲话，统筹推进"**五位一体**"总体布局和协调推进"**四个全面**"战略布局，紧扣"**追赶超越**"定位和"**五个扎实**"要求，坚持稳中求进工作总基调，牢固树立和贯彻落实新发展理念，适应把握引领经济发展新常态，以提高发展质量和效益为中心，以深化供给侧结构性改革为主线，以落实"**三项机制**"为保障，全力推进大西安建设，全面建成小康社会，向**国家中心城市**迈进，建西部经济强市，创西部城市最佳，奋力谱写具有历史文化特色的**国际化大都市**建设新篇章。

三大目标

- 全面建成小康社会
- 建好国家中心城市
- GDP过万亿

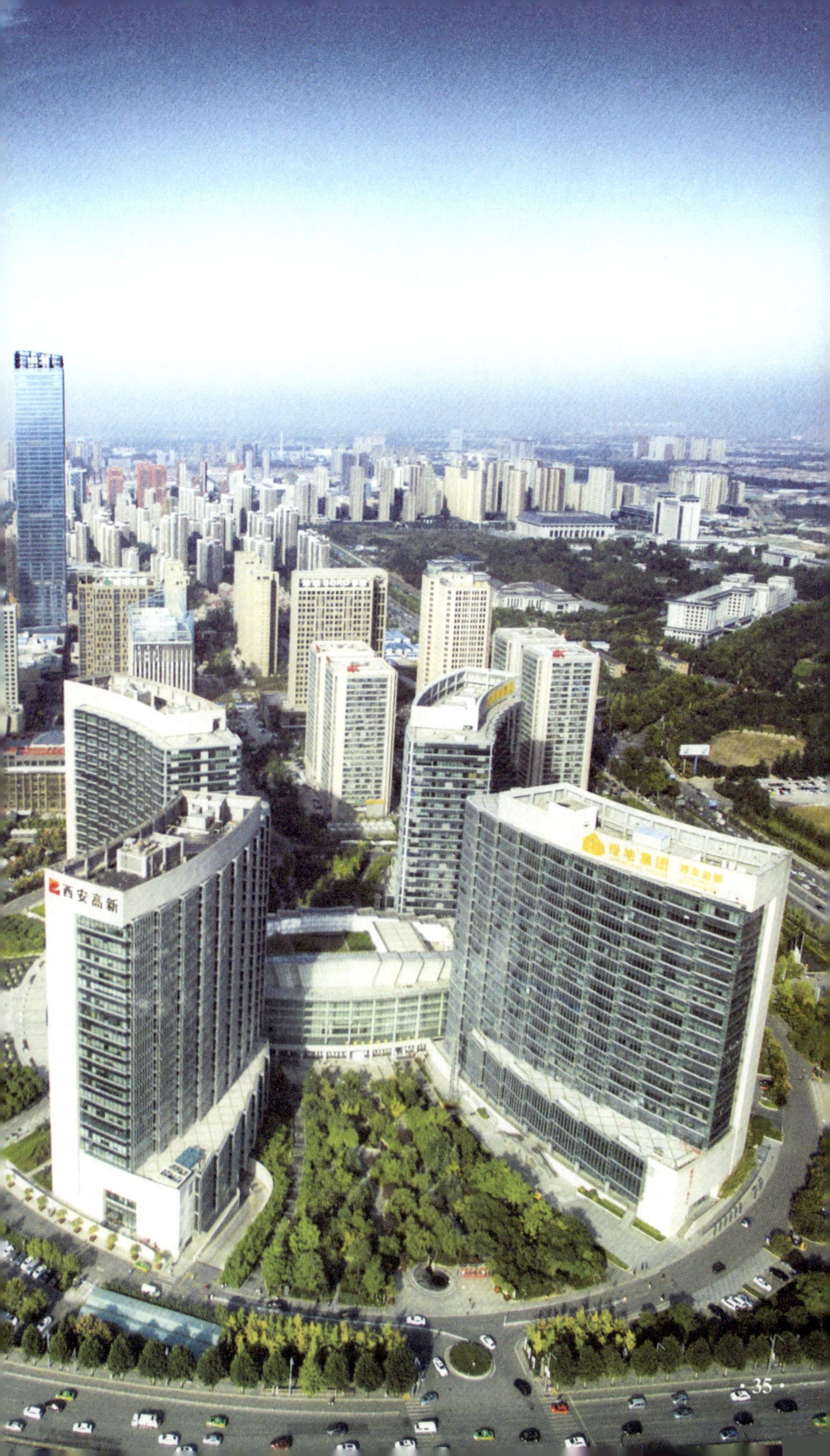
西安高新

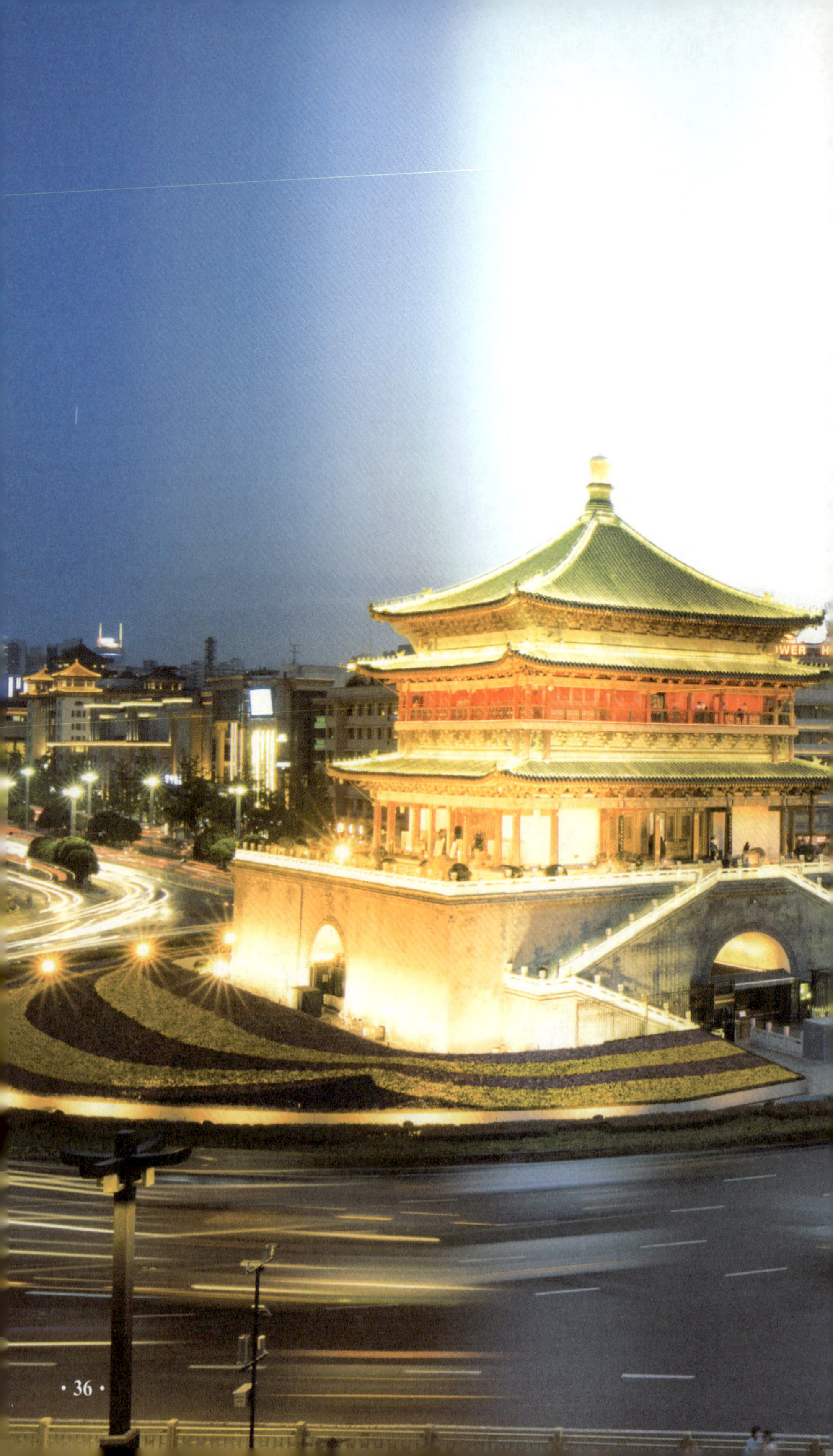
OWER H

六维支撑

- 支撑一 做强西部经济中心
- 支撑二 做强丝路科创中心
- 支撑三 做强对外交往中心
- 支撑四 做强丝路文化高地
- 支撑五 做强内陆开放高地
- 支撑六 做强国家综合交通枢纽

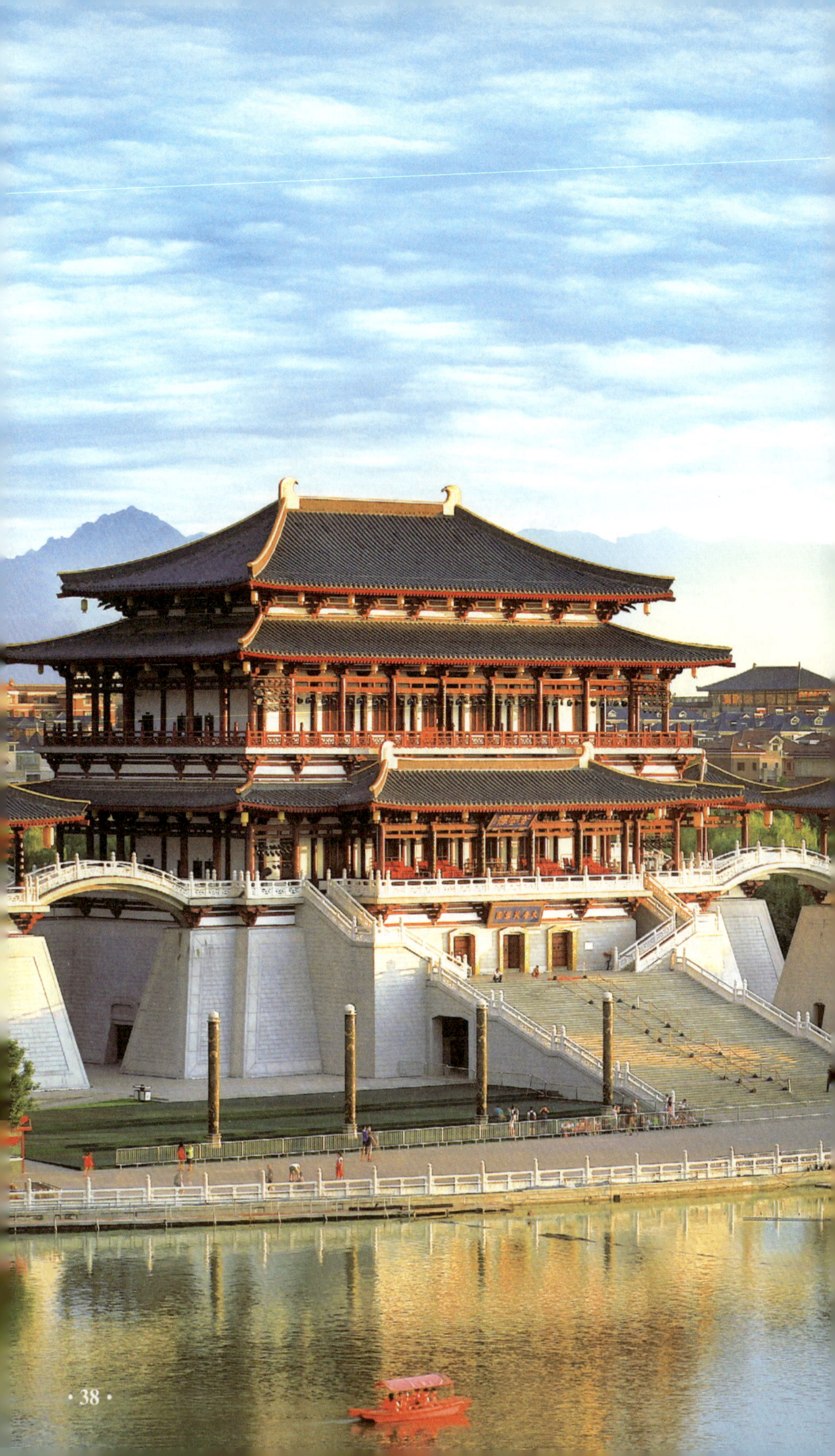

九大任务

任务一　着力推进产业升级，加快建设西部经济中心

2. 推进开发区转型升级

进一步创新开发区体制机制

1. 加快构建现代产业体系

做大战略性新兴产业

做强先进制造业

做优现代服务业

3. 壮大实体经济

大力实施"工业倍增计划"

强力推进"招大引强行动"

继续开展"千名干部助千企"活动，争当五星级"店小二"

4. 大力发展民营经济

实施"民营经济倍增计划"

做大骨干民营企业

构建"亲""清"新型政商关系

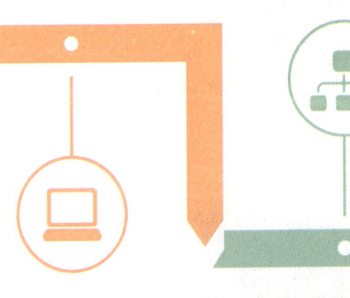

5. 进一步壮大区县经济

实施"远郊区县域经济倍增计划"

实施开发区与县区结对行动促进优势互补合作多赢

6. 加快农业现代化建设

推进"互联网+品牌农业"

做强"农业两区+特色小镇"

壮大休闲观光农业等新业态

达到效果：经济实力明显提升

生产总值年均增长8.5%以上，人均生产总值达到1.5万美元左右

工业经济、民间投资、区县经济等重点领域的主要指标分别比2015年翻一番

规模以上工业增加值年均增长12%以上，达到2500亿元

落实"五新"战略，念好"新、高、早、实、精"等"五字诀"，做到理念新、标准高、动手早、举措实、精细化

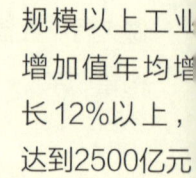

加快补齐"十短板",精准聚焦补短板的主攻方向,围绕"工业经济、民营经济、军民融合、开放经济、区县域经济、文化产业、金融产业、创新转化能力、生态环境、民生服务"10个短板,以改革创新的方法抓补短板

地方一般公共预算收入年均增长10%,达到1000亿元以上

金融业增加值达到1000亿元以上

民间投资达到5000亿元

民营经济占GDP比重达到60%左右

远郊区县经济总量达到3000亿元

任务二　着力推进创新驱动发展，加快建设丝路科创中心

1. 支持国家自主创新示范区建设

支持建设光电子先导技术研究院、新一代信息技术创新实验室、智能制造等一批创新型示范项目。支持高新区发展先进制造产业和现代服务业产业，把高新区建成"一带一路"创新之都和创新驱动发展引领区、大众创新创业生态区、军民融合创新示范区、对外开放合作先行区，加快迈入世界一流科技园区。

2. 建设国家军民深度融合示范城市

深化统筹科技资源改革，围绕"科教强市"，做强政策支撑平台，做强双创孵化示范平台，做强产学研合作发展平台，做强成果转化平台，加快建设陕西军民融合创新研究院和陕西省高新技术与应用协同创新中心。

3. 建设国家科技创新中心

深入推进科技成果使用权、处置权和收益权改革，开展股权和分红激励试点。做强双创孵化示范平台，构建"5552"的成长格局。做强产学研合作发展平台，复制推广西安光机所、西北有色院"一院一所"改革经验，转化一个创新成果，培育发展一个企业。

4. 建设国家创业创新人才高地

实施引进高层次人才"5531"计划，用5年时间引进和培养各级领军人才。实施"城市合伙人"计划，吸引更多海内外高端人才。正式发布《西安市深化人才发展体制机制改革打造"一带一路"人才高地若干政策措施》，5年预计投入38亿元，引才育才100万人左右。

达到效果：创新活力明显提升

01
创新能力等重点领域的主要指标分别比2015年翻一番

02
研发投入占GDP比重提高到5.6%以上

03
科技进步贡献率达到63%以上

04
技术市场交易额突破1000亿元

05
专利申请量超过10万件

06
打造3大万亿级产业打响"硬科技"品牌

西安双创成果

近年来，为大力支持推进"大众创业万众创新"，西安相继制定出台《西安市人民政府关于推进大众创业万众创新的指导意见》《西安市支持市级众创空间发展的若干措施（试行）》等政策措施，以"创新体制机制，统筹科教文化资源，发挥比较优势"为理念，积极创造环境，努力搭建平台，大力推动双创载体发展，形成了全民参与创业创新的浓厚氛围。

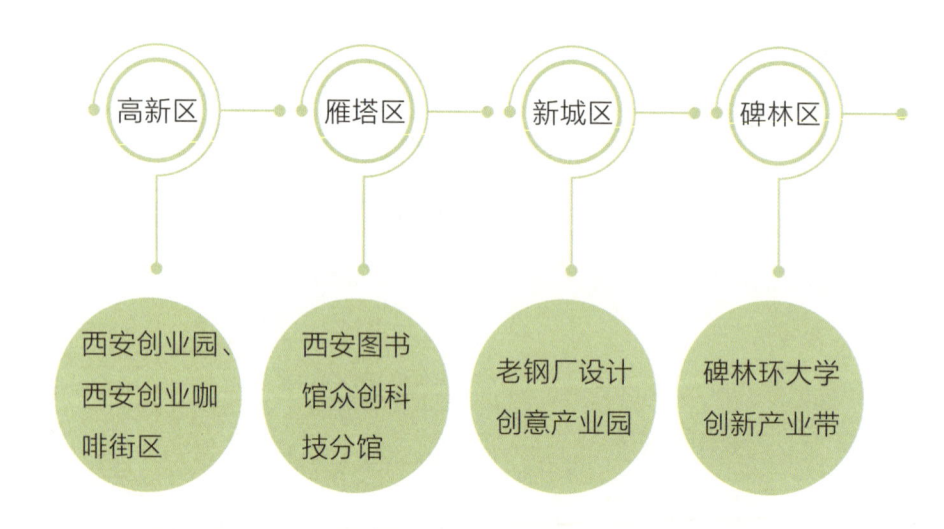

- 高新区 — 西安创业园、西安创业咖啡街区
- 雁塔区 — 西安图书馆众创科技分馆
- 新城区 — 老钢厂设计创意产业园
- 碑林区 — 碑林环大学创新产业带

目前，西安市已有各类创业创新基地165家，包括64家众创空间、47家科技企业孵化器、11个小企业创业基地、20个工业园区创业基地和23个商贸聚集区，创业载体总面积超过9300万平方米，入驻小微企业3.5万户，吸纳62.4万人就业。拥有中科创星、"创途在XI'AN"、西安云路网络科技有限公司、西安北航科技园众创空间、西安航空创业实验室等众创空间55家，科技企业孵化器27家，其余创业载体近百家。

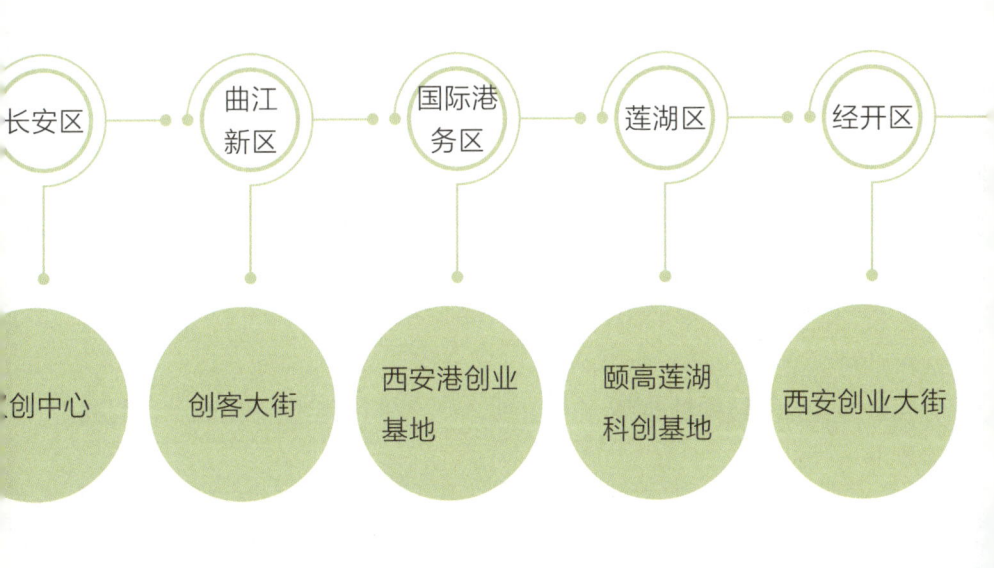

长安区	曲江新区	国际港务区	莲湖区	经开区
众创中心	创客大街	西安港创业基地	颐高莲湖科创基地	西安创业大街

任务三　着力深化改革开放，加快建设内陆型改革开放新高地

打造"一带一路"战略支点

提升西安国际陆港、航空港、海关特殊监管区、口岸等四大平台功能，建设"一带一路"国际粮油及冷链物流基地，最大程度发挥中转枢纽港作用。加快推进国家级欧亚经济综合园区核心区、中亚商贸物流园、中俄丝路创新园等建设。培养本土跨国公司，拓展"海外西安"发展空间。

全力推进自贸区建设

以自贸区建设倒逼改革，在政府职能转变、投资管理、贸易服务、金融开放、事中事后监管、法制保障等领域探索形成一批可复制、可推广的创新成果，形成投融资便利化、贸易便利化、物流便利化、监管服务便利化、人员往来便利化的制度高地。

深化供给侧结构性改革

抓好"三去一降一补"重点任务落实。推进供给端和需求端协同发力，充分发挥市场配置资源决定性作用和更好发挥政府作用，着力减少无效和低端供给，扩大有效和中高端供给，提高全要素生产率。

打好全面深化改革攻坚战

推行"行政效能革命"，探索"一枚印章管审批"。建设人民满意的服务型政府，着力解决"办事难"，要坚持把人民群众的小事当作自己的大事，从人民群众关心的事情做起，从让人民群众满意的事情做起。

达到效果：开放水平明显提升

01 开放经济等重点领域的主要指标分别比2015年翻一番

02 进出口总值达到600亿美元

03 年实际利用外资达到60亿美元以上

04 世界500强企业达到200家以上

05 临港经济突破发展

06 自贸区平台支撑作用显著增强

任务四　着力彰显文化特色，加快建设丝路文化高地

01 彰显世界历史名城魅力

02 大力提升古都市民文明素养

03 大力发展特色文化产业

04 丰富人民群众精神文化生活

05 构建全域旅游大格局

达到效果：文化实力明显提升

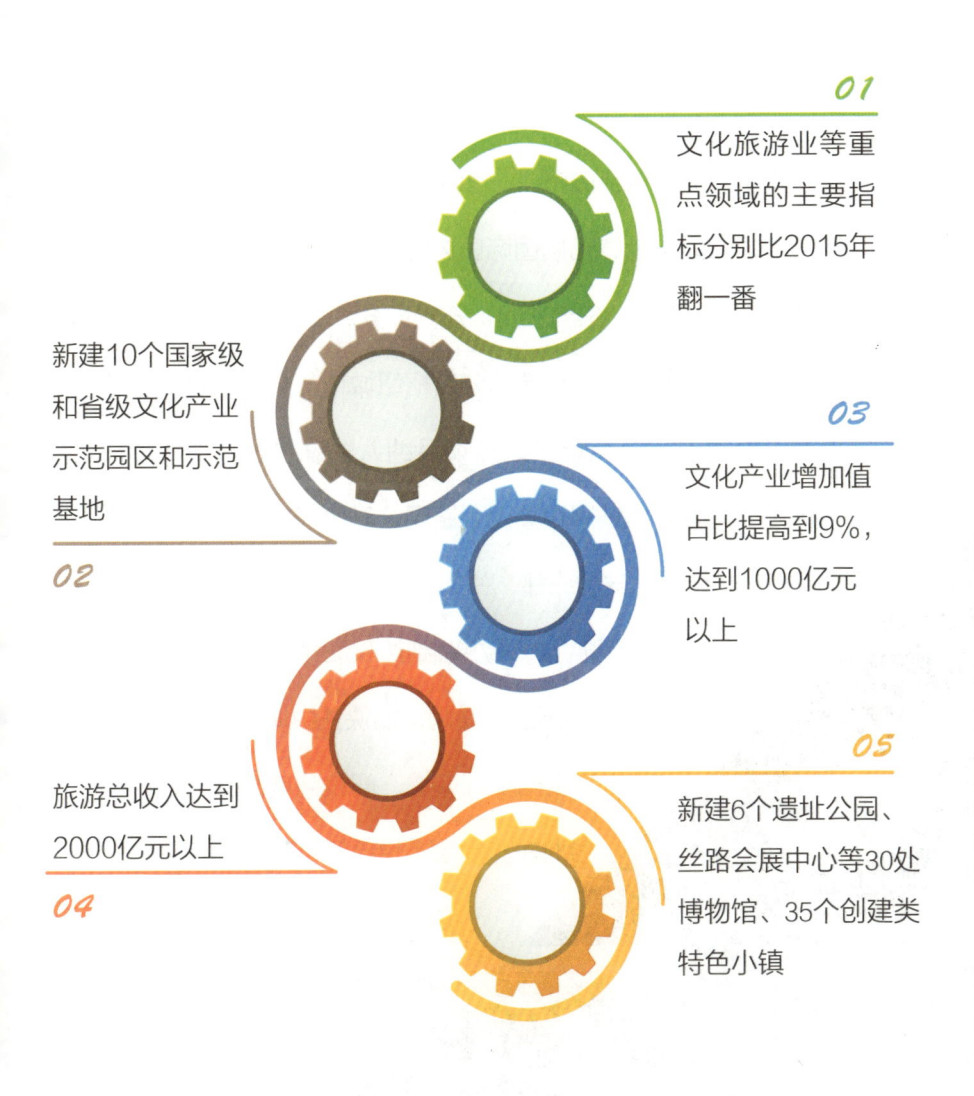

01 文化旅游业等重点领域的主要指标分别比2015年翻一番

02 新建10个国家级和省级文化产业示范园区和示范基地

03 文化产业增加值占比提高到9%，达到1000亿元以上

04 旅游总收入达到2000亿元以上

05 新建6个遗址公园、丝路会展中心等30处博物馆、35个创建类特色小镇

任务五　着力构建交通体系，加快建设国家综合交通枢纽

1. 构建国际开放门户。加快建设西安国际空港、国际铁路港和国际公路港，拓展国际国内陆上物流网、空中物流网和空中客流网，形成"三港三网"开放新格局。

2. 打造国家高铁和高速公路枢纽城市。持续推进高铁和高速公路建设，争取更多重点项目纳入国家规划，加快形成"米"字形国家高铁网和高速公路网。开工建设西安到重庆、武汉高铁，建成西安到成都、兰州、银川、延安高铁，实现3小时到达周边城市群，4—6小时到达长三角、珠三角、京津冀快速便捷的高速铁路网。加快关中城际铁路建设，开工建设西安到韩城、阎良到咸阳空港、空港到法门寺、法门寺到西安南站城际铁路。

3. 加快完善市域交通体系。加快北客站至机场城际轨道建设。

达到效果：交通枢纽明显提升

达到效果

- **01** 国际多式联运线路达到10条以上
- **02** 民航客流量突破4185.7万人次
- **03** 空港货运量达到45万吨
- **04** 西安铁路集装箱中心站全年实现集装箱吞吐量13.64万箱
- **05** 高铁实现与周边8个省市联通
- **06** 按规划到2021年地铁营运里程达到243公里以上
- **07** "米"字形国家高铁网和高速公路网完备建立
- **08** 大西安综合交通体系更加完善

任务六 着力推进城镇化建设，加快建设宜居西安

>>> 科学做好大西安规划

>>> 不断完善国际化功能

>>> 大力提升大都市品位

>>> 加快新型智慧城市建设

达到效果：城市功能明显提升

01 大西安格局初步形成

02 城镇化率达到76%左右

03 城市新轴线、新中心、新形象展现新姿

05 智慧城市、海绵城市、公交都市、综合管廊建设取得显著成效

04 城市综合承载力显著提升，成为宜业宜居城市

任务七　着力优化生态环境，加快建设美丽西安

坚持以习近平新时代中国特色社会主义思想为指引，全面贯彻落实十九大精神，牢固树立社会主义生态文明观，坚定走文明发展道路，促进人与自然和谐共生，真正使水生态修复成为民生工程、民心工程、良心道德工程，不断开创大西安水生态文明建设新局面。

坚决打赢"四治一增"攻坚战。铁腕治霾，保卫蓝天。打好"减煤、控车、抑尘、治源、禁燃、增绿"组合拳，划定责任网格，实施"网格长制"，加大与关中城市群联防联控，解决"减霾难"。全面落实"河长制"，制订水生态修复规划，再现"八水绕长安"盛景。加快大秦岭人文生态旅游圈和秦岭国家中央公园建设，建好周至秦岭国家植物园，展示秦岭雄浑美景。

达到效果：生态环境明显提升

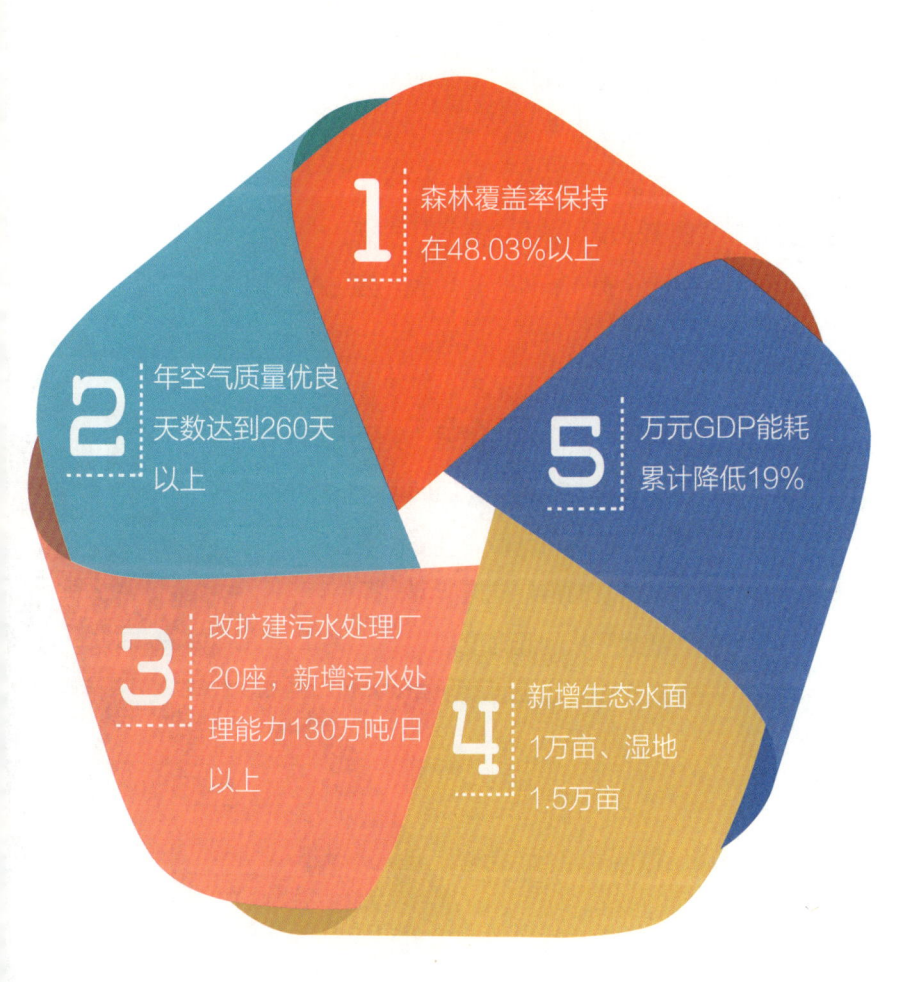

1. 森林覆盖率保持在48.03%以上
2. 年空气质量优良天数达到260天以上
3. 改扩建污水处理厂20座，新增污水处理能力130万吨/日以上
4. 新增生态水面1万亩、湿地1.5万亩
5. 万元GDP能耗累计降低19%

任务八　着力保障改善民生，加快建设品质西安

决胜精准扶贫脱贫，提高农村发展水平，提高城乡居民收入水平，提升社会保障水平，办好人民满意教育，推进健康西安建设。始终坚持发展为了人民，发展成果由人民共享，共建共享生活品质之城，更加注重改善低收入群体生活，更加注重提升人民群众获得感和幸福感。

为落实好脱贫攻坚部署要求，提高政治站位，坚持问题导向，注重方法，聚焦"12345"，紧扣"十个抓"，全力以赴打赢脱贫攻坚战。

聚焦"12345"目标，即"一标准""两不愁""三保障""四率一度""五个美丽"样板。

紧扣"十个抓"，即：抓短板，首先解决突出问题；抓点滴，从物质、精神两个层面一点一滴帮扶；抓基础，建好"美丽人家"示范户；抓核心，建好"美丽乡村"示范村；抓重点，做强"美丽经济"；抓保障，打造"美丽党建"；抓形象，形成"美丽乡风"；抓资料规整，确保档案齐全准确；抓示范，及时推广先进典型；抓督查考核，加大考核问责力度。

达到效果：人民生活明显提升

01 全面完成脱贫攻坚任务

02 城镇和农村常住居民人均可支配收入年均增长高于经济增速，分别达到5.48万元和2.45万元以上

03 转移农村劳动力就业300万人次

04 2016年全市千人拥有医疗机构床位数7.3张

05 养老床位数超过6.5万张

任务九　着力加强民主法治，加快建设平安西安

　　全面依法治国是中国特色社会主义的本质要求和重要保障，这是新时代对于法治认识的进一步深化。

　　不断扩大人民民主，深化法治西安建设，推进平安西安建设，加强社会治理创新，营造团结和谐的民主氛围、公平公正的法治环境和安全稳定的社会环境，着力打造平安西安。

达到效果：社会治理明显提升

- 法治西安、平安西安建设深入推进

- 全民共建共享社会治理格局初步形成

- 多层次社区服务体系和多元化社区共治机制基本建立

- 人民群众对社会治安满意度大幅提升，成为平安之城

战略核心

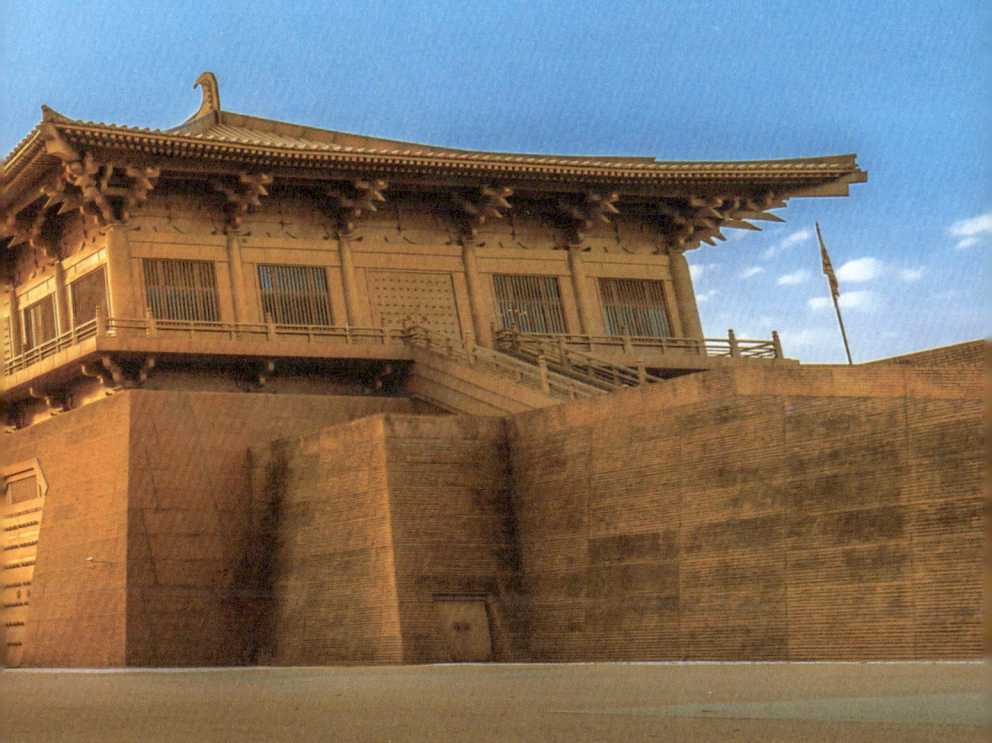

全力推进大西安建设

进一步提升大西安的城市品位、形象和核心竞争力

- 坚持系统性思维,跳出"城墙"看西安
- 加快省市共建大西安步伐
- 全力支持西咸新区发展,发挥西咸国家级新区的创新引领作用
- 创新城市建设管理和发展方式
- 形成多轴线、多中心
- 发展新业态,培育新经济,塑造新动能

加快推进西咸一体化

- 打通西安、西咸新区、咸阳城市功能

- 推动城际铁路、轨道交通向咸阳市区延伸

- 支持咸阳主城区加密城市路网和西安、西咸公交无缝对接等

- 强化大西安辐射引领作用，带动关中城市群发展

- 提升区域核心竞争力，发挥对全省追赶超越的核心引领支撑作用

全力推进国家中心城市建设

建西部经济强市
创西部城市最佳

对标国家中心城市功能定位

提升综合服务、产业集聚、物流枢纽、开放高地、人文凝聚、国际交往等功能

建设大交通、做优大环境、构筑大平台、发展大产业

基本建成"三中心二高地一枢纽" 担负起国家中心城市的重要职责

西部经济中心、丝路科创中心、对外交往中心

丝路文化高地、内陆开放高地

国家综合交通枢纽

全力推进品质西安建设

**打造人才聚集"福地"
构建投资创业"天堂"**

推进"环境立市",突出"三个环境"建设,以一流的环境吸引一流的人才和技术,兴办一流企业和项目,优化投资服务环境,推行"行政效能革命",开展市场环境专项治理,强化服务,当好"店小二",为企业提供"五星级服务",使西安真正成为人才、技术、资本等要素聚集的"福地"、投资创业者的"天堂"。

优化生活品质环境
营造宜居宜业之城

优化生态宜居环境，强力推进民生工程"十个一""四改两拆""五路增绿"；优化生活品质环境，全面提升城市管理水平，创建"美丽城区"，改善城区面貌，增强城市功能，破解民生难题，塑造特色风貌，持续优化生态宜居环境、生活品质环境，使西安成为绿色之城、花园之城、宜居宜业之城。

全力推进"三廊两轴两带一通道"和"八大平台"建设

三廊

科创大走廊：打造"创新增长极"

以高新区为引领、"高新区+航天基地+沣东新城+大学城+科研院所"等区域为依托的科创大走廊

工业大走廊：打造"工业增长极"

以经开区为引领、"经开区+高陵组团+临潼组团+航空基地+富阎板块"等区域为依托的工业大走廊

文化产业大走廊:打造"文化产业增长极"

以曲江新区为引领、"曲江新区+楼观道文化展示区+白鹿原+临潼景区"等区域为依托的文化产业大走廊

两轴：打造"服务业增长极"

1 建设延伸纵贯西安钟楼南北方向的古都发展轴 壮大以主城区为基础的传统城市中心

2 建设串接西咸新区沣镐遗址的新区发展轴 培育以西咸新区为依托的城市新中心

两带：打造"绿色增长极"

建设秦岭北麓生态旅游带

建设渭河文化生态旅游带

一通道：打造"开放增长极"

建设以"国际港务区+空港新城+浐灞生态区"等区域为依托的对外开放通道

八大平台

01 深化开放平台建设,发展开放经济

05 深化文化平台建设,发展文化旅游产业

02 深化创新平台建设,发展高新技术产业

06 深化城市功能平台建设,发展商贸服务业

03 深化军民融合平台建设,发展先进制造业

07 深化综合服务平台建设,发展民营经济

04 深化金融平台建设,发展金融产业

08 深化特色小镇平台建设,发展特色经济

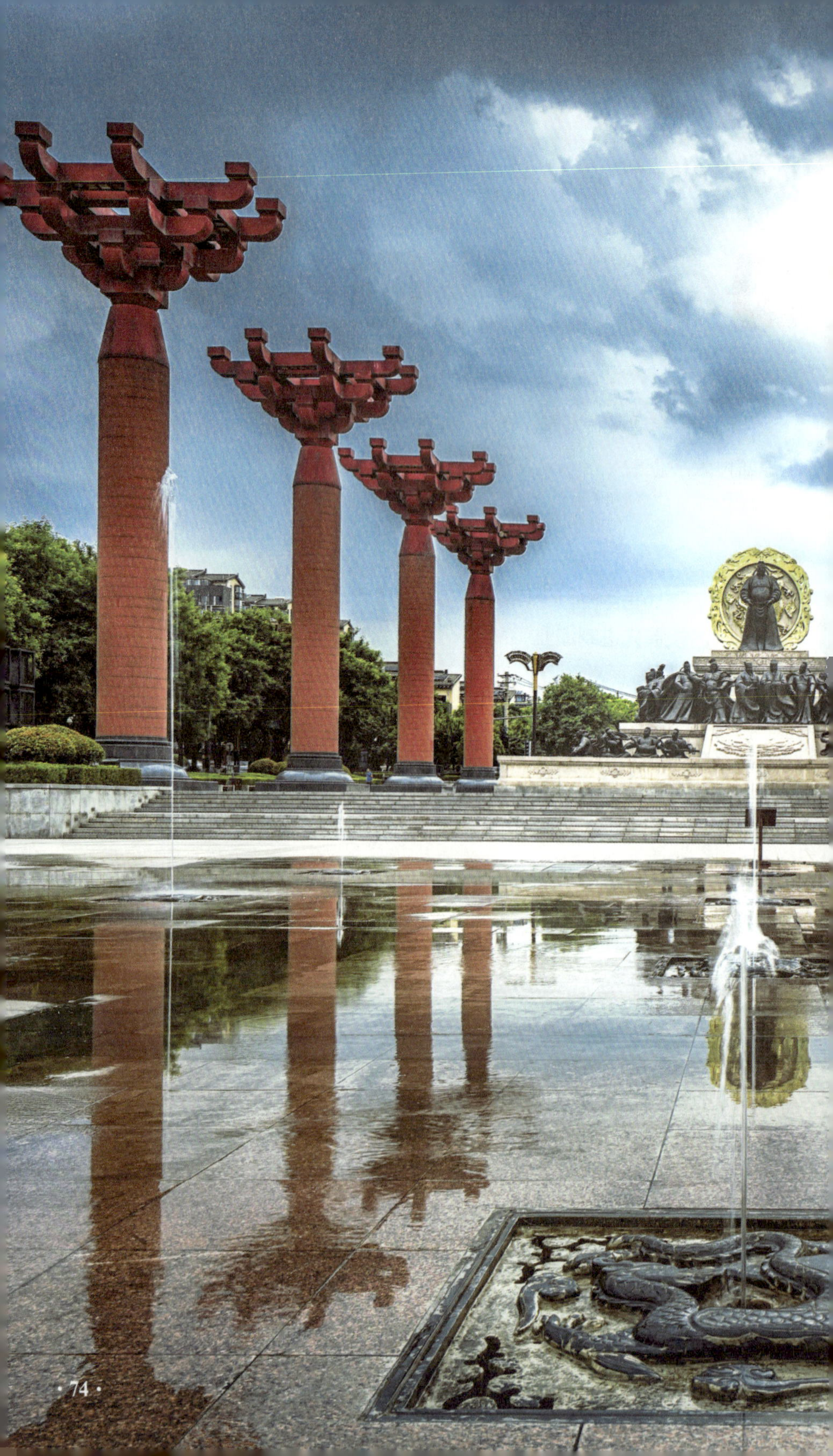

附录

奋力追赶超越　决胜全面小康 加快建设具有历史文化特色的 国际化大都市

在中国共产党西安市第十三次代表大会上的报告

王永康

同志们：

现在，我代表中国共产党西安市第十二届委员会向大会做报告。

一、过去五年的工作成就和基本经验

市第十二次党代会以来，在以习近平同志为核心的党中央和省委的坚强领导下，市委团结带领全市各级党组织和广大党员干部群众，全面落实党的十八大和十八届三中、四中、五中、六中全会精神，深入贯彻习近平总书记系列重要讲话，特别是来陕视察重要讲话精神，聚焦国际化大都市建设，胜利完成市第十二次党代会确定的目标任务。

党的建设全面加强。党的群众路线教育实践活动、"三严三实"专题教育和"两学一做"学习教育取得实实在在成效。严格落实新时期好干部标准，认真落实省委"三项机制"，从严管理干部，"四风"得到有效整治。大力整顿软弱涣散基层党组织，基层党组织整体功能得到增强。坚决落实全面从严治党"两个责任"，开展"秦亡于奢"警示教育，保持惩治腐败高压态势，党风、政风和社会风气进一步好转。

综合实力明显增强。2016年，生产总值达到6257.18亿元，一般公共预算收入达到641亿元，年均分别增长10%和15%。服务业占比提升6.58个百分点，高技术产业和战略性新兴产业产值占规上工业比重分别达到24%和35%。两个"国字号"创新改革试验稳步推进，科技进步对经济增长贡献率达58%，技术市场交易额、研发投入占生产总值比重稳居副省级城市第一，荣获"全国十大创新城市"称号。

改革开放不断深化。重点改革取得积极进展，供给侧结构性改革取得初步成效，大学区管理制、医疗卫生服务县镇村一体化等自主改革成为全国亮点。2016年，实际利用外资45亿美元，完成进出口总值1815亿元，分别是2011年的2.2倍和2.3倍。全国最大外资项目三星电子建成投产，174家世界

500强企业落户西安，西安成为陕西自贸区核心区，成功举办2届欧亚经济论坛、4次丝路城市圆桌会议，建成首个拥有国际国内双代码的内陆港，开通运行4条中欧国际货运班列和航班，丝绸之路经济带新起点建设迈出坚实步伐。

城市功能显著提升。五项重点工作扎实推进，累计完成城建投资1731.7亿元，建成区面积从451.38平方公里扩大到548.6平方公里，城镇化率由70%提高到73.4%，高陵、户县撤县设区，城市发展格局进一步优化。系统推进品质西安和公交都市建设，新建运营铁路北客站、2条地铁线路和2条高速公路，农村二级公路实现全覆盖，李家河水库建成供水，城市综合承载力不断增强。

群众福祉持续改善。新增财力用于民生的比重和民生支出占财政支出的比重连续5年超过80%。2016年，城乡居民人均可支配收入分别达到35630元和15191元，分别是2011年的1.6倍和1.7倍。累计城镇新增就业63.93万人，50.7万贫困人口提前实现阶段性脱贫。保障性安居工程累计竣工43.58万套，完成83个城中村整村拆除和42个棚户区征收搬迁，率先在全省全面解决农村居民饮水安全问题。基础教育配置更趋均衡，分级诊疗体系已覆盖470万城乡居民，体育、青少年、妇女儿童、老龄、残疾人等事业加快发展，连续5年荣获"中国最具幸福感城市"。

文化建设成果喜人。深入推进社会主义核心价值观体系建设，荣获"全国文明城市"荣誉称号。汉长安城未央宫遗址等5处遗产点成功申遗，南门城墙等一批历史文化街区建成开放，成功承办2016央视春晚、元宵晚会、中秋晚会，成功举办第三届丝绸之路国际电影节和第十一届中国艺术节，城市形象不断提升。建成49个国家级和省级文化产业示范园区和示范基地，2016年，全市文化产业增加值预计达到492亿元左右。

生态环境更加优美。持续加大秦岭北麓保护力度，加快公园绿地建设，新增城市绿地2275万平方米，建成区绿化覆盖率提高到42.6%，新增造林绿化面积41.21万亩，成功创建国家森林城市。渭河南岸景观长廊及124公里堤顶路全线贯通，如期完成渭河西安段"三年变清"目标，新增生态水面1.2万亩、湿地面积2.76万亩。

民主法治有序推进。人大和政协充分发挥职能作用，地方立法和人大监督有效加强，爱国统一战线巩固壮大，工会、共青团、妇联等群团组织作用积极发挥。"法治西安""平安西安"建设水平不断提高，荣获全国社会治安综合治理最高奖"长安杯"。国防动员、双拥共建活动扎实开展，荣获全国双拥模范城"八连冠"。

五年的成绩来之不易，这是以习近平同志为核心的党中央和省委、省政府坚强领导的结果，是历届市委团结努力的结果，是全市党员干部和人民群众共同努力的结果，也是中央驻西安机构、省直机关、驻地部队、武警官兵、各民主党派、工商联、各界人士、人民团体、海内外朋友共同支持参与的结果。在此，我代表中国共产党西安市第十二届委员会，向全市广大党员和干部群众，向所有关心和支持西安发展的同志们、朋友们，表示衷心的感谢并致以崇高的敬意!

五年砥砺奋进，经验弥足珍贵。我们的主要体会是：必须坚决贯彻中央和省委部署要求，确保西安沿着正确方向前进，这是做好各项工作的重要前提；必须站稳人民立场，不忘初心增进民生福祉，这是一切工作的出发点和落脚点；必须紧盯第一要务，补发展短板，推动产业升级，这是解决一切问题的根本途径；必须坚持求真务实，持之以恒抓落实见成效，这是确保目标任务实现的主要方法；必须凝聚各方力量，形成团结干事浓厚氛围，这是推进各项工作的重要基础；必须全面从严治党，以上率下压实两个责任，这是各项事业发展的政治保证。

在肯定成绩的同时，还要充分认识到我市发展中存在的不足和差距：对照适应引领经济新常态的要求，工业不强、开放度不高、县域经济发展滞后、民营经济发展不足、科技创新和转化能力较弱、金融业发展不够、国际化水平不高、市场配置资源决定性作用发挥不充分、文化旅游产业发展与资源优势不匹配、开发区体制机制不顺、同质化竞争等问题突出，工业和民营经济不强、总量偏小依然是我们最大的现实。对照人民群众过上美好生活的期盼，公共服务供给水平不高，减霾难、治堵难、治脏难、办事难、就业难、上学难、看病难、住房难、养老难等民生"九难"问题依然突出，强化依法治市、加强社会治理和提升城市品质的任务仍然十分艰巨。对照全面从严治党的责任，"两个责任"落实不够，干部队伍在思想解放、精神状态、服务意识、工作标准等方面，与"追赶超越"要求还有差距，纠"四风"和反腐败仍需持续发力，全面从严治党任重道远。对此，必须高度重视，切实加以解决。

二、今后五年的指导思想和奋斗目标

2015年，习近平总书记两次回到家乡发表重要讲话，明确提出"陕西正处在追赶超越阶段"的科学定位和"五个扎实"要求，是指引我们站在新起点、抢抓新机遇、实现新跨越的行动指南，给我市标清了前进坐标。

当前，西安经济总量处于副省级城市中后游，前有标兵，后有追兵。面对城市间激烈的竞争态势，全市上下要有清醒的认识，应调高标尺，奋勇向前。

同时，还要特别看到西安正处于历史上机遇最多的黄金发展时期。世界经济在深度调整中缓慢复苏，国内经济呈现稳中向好的态势，新一轮科技革命和产业变革蓄势待发，为我们大开放、调结构、促转型提供了广阔空间。"一带一路"战略、国家全面创新改革试验区、国家自主创新示范区、陕西自贸区西安核心区和新一轮西部大开发等一大批国家战略在西安叠加推进，全面深化改革、中国制造2025等政策红利陆续释放，特别是省委大力支持大西安建设，将西咸新区划归西安管理，将有效拓展发展空间、创新城市发展方式、提升城市能级、放大辐射效应，使西安自改革开放以来历史上第一次拥有了大西安的格局和体量。

今后五年，西安进入了一个全新的发展时期，正站在加速转变经济发展方式和城市发展方式的重要节点上，正奋力奔跑在向万亿级城市迈进的征程上，正挺立在建成小康社会和建设国家中心城市的潮头上。省委、省政府寄希望于进一步发挥大西安的引领和辐射作用，加快推进西咸一体化，带动关中城市群发展，引领陕西参与国内外竞争。我们必须把"追赶超越"作为当前最重要的大局，体现到经济社会发展各方面，以只争朝夕的精神抢抓机遇，以求真务实的作风埋头苦干，为实施国家战略和陕西追赶超越做出西安贡献。

今后五年，全市工作总的指导思想是：全面贯彻党的十八大和十八届三中、四中、五中、六中全会精神，深入学习习近平总书记系列重要讲话特别是来陕视察重要讲话，统筹推进"五位一体"总体布局和协调推进"四个全面"战略布局，紧扣"追赶超越"定位和"五个扎实"要求，坚持稳中求进工作总基调，牢固树立和贯彻落实新发展理念，适应把握引领经济发展新常态，以提高发展质量和效益为中心，以深化供给侧结构性改革为主线，以落实"三项机制"为保障，全力推进大西安建设，全面建成小康社会，向国家中心城市迈进，建西部经济强市，创西部城市最佳，奋力谱写具有历史文化特色的国际化大都市建设新篇章。

今后五年，我们的奋斗目标是：聚焦"三六九"，振兴大西安。具体讲：

"三"：就是紧盯全面建成小康社会、GDP过万亿、建好国家中心城市三个目标。

"六"：就是紧盯上述目标，做强西部经济中心、丝路科创中心、对外交往中心、丝路文化高地、内陆开放高地、国家综合交通枢纽，构建"三中心二高地一枢纽"等六维支撑体系。

"九"：就是扎实抓好未来五年九项重点任务，促进经济社会在9个方面实现明显提升。到2020年，如期完成"十三五"规划确定的目标任务，全面建成小康社会，经济总量突破万亿大关，建好国家中心城市。到2021年，全面完成十三次党代会部署的目标任务，工业经济、开放经济、创新能力、民间投资、区县域经济、文化旅游业等重点领域主要指标分别比2015年翻一番。规模以上工业增加值达到2500亿元；进出口总值达到600亿美元；技术市场交易额突破1000亿元；专利申请量超过10万件；民间投资达到5000亿元；远郊区县经济总量达到3000亿元；文化产业增加值达到1000亿元以上；旅游总收入达到2000亿元以上。以重点指标翻番促进城市发展质量整体提升。

经济实力明显提升。生产总值年均增长8.5%以上，人均生产总值达到1.5万美元左右。规模以上工业增加值年均增长12%以上。金融业增加值达到1000亿元以上。民营经济占GDP比重达到60%左右。地方一般公共预算收入年均增长10％，达到1000亿元以上。

创新活力明显提升。高新技术产业增加值占GDP比重达到20%以上，研发投入占GDP比重提高到5.6%以上，科技进步贡献率达到63%以上。

开放水平明显提升。进出口总值达到600亿美元，年实际利用外资达到60亿美元以上，世界500强企业达到200家以上，临港经济突破发展，自贸区平台支撑作用显著增强。

文化实力明显提升。新建10个国家级和省级文化产业示范园区和示范基地，文化产业增加值占比提高到9%。新建杨官寨等6个遗址公园、陕西大剧院等8个剧院（剧场）、丝路会展中心等30处博物馆。

交通枢纽明显提升。国际多式联运线路达到10条以上，民航客流量突破5500万人次，空港货运量达到45万吨，陆港国际集装箱吞吐量超过32万箱，高铁实现与周边8个省市连通，地铁营运里程达到243公里以上，"米"字形国家高铁网和高速公路网完备建立，大西安综合交通体系更加完善。

城市功能明显提升。大西安格局初步形成，城市新轴线、新中心、新形象展现新姿，智慧城市、海绵城市、公交都市、综合管廊建设取得显著成效,城镇化率达到76%左右,城市综合承载力显著提升,成为宜业宜居城市。

生态环境明显提升。森林覆盖率保持在48.03%以上,新增生态水面1万亩、湿地面积1.5万亩,年空气质量优良天数达到260天以上,万元GDP能耗累计降低19%,改扩建污水处理厂20座,新增污水处理能力130万吨/日以上。

人民生活明显提升。全面完成脱贫攻坚任务,城镇和农村常住居民人均可支配收入年均增长高于经济增速,分别达到5.48万元和2.45万元以上。转移农村劳动力就业300万人次,全市千人拥有医疗机构床位数7.5张,养老床位数超过6.5万张。

社会治理明显提升。"法治西安""平安西安"建设深入推进,多层次社区服务体系和多元化社区共治机制基本建立,全民共建共享社会治理格局初步形成,人民群众对社会治安满意度大幅提升,成为平安之城。

今后五年,我们的战略核心是:

全力推进大西安建设。坚持系统性思维,跳出"城墙"看西安,加快省市共建大西安步伐,全力支持西咸新区发展,发挥西咸国家级新区的创新引领作用,创新城市建设管理和发展方式,形成多轴线、多中心,发展新业态,培育新经济,塑造新动能，进一步提升大西安的城市品位、形象和核心竞争力。加快推进西咸一体化，打通西安、西咸新区、咸阳城市功能，推动城际铁路、轨道交通向咸阳市区延伸，支持咸阳主城区加密城市路网和西安、西咸公交无缝对接等，强化大西安辐射引领作用，带动关中城市群发展，提升区域核心竞争力，发挥对全省追赶超越的核心引领支撑作用。

全力推进国家中心城市建设。对标国家中心城市功能定位，提升综合服务、产业集聚、物流枢纽、开放高地、人文凝聚、国际交往等功能，建设大交通、做优大环境、构筑大平台、发展大产业，建西部经济强市，创西部城市最佳。到2021年，基本建成"三中心二高地一枢纽"，即建成西部经济中心、丝路科创中心、对外交往中心、丝路文化高地、内陆开放高地、国家综合交通枢纽等六维支撑体系，担负起国家中心城市的重要职责，向建党一百周年献礼。到2049年，全面建成具有历史文化特色的国际化大都市，向新中国成立一百周年献礼。

全力推进品质西安建设。推进"环境立市"，突出"三个环境"建设，以一流的环境吸引一流的人才和技术，兴办一流的企业和项目，使西安真正成为人才、技术、资本等要素聚集的"福地"，成为投资创业的"天堂"。优化投资服务环境，推行

"行政效能革命",开展市场环境专项治理,强化服务,当好"店小二",为企业提供"五星级服务";优化生态宜居环境,强力推进"四治一增",开展"烟头革命""厕所革命";优化生活品质环境,着力破解民生"九难"问题。创西部最佳社会治安环境、最佳投资创业环境、最佳旅游购物环境、最佳文化教育环境、最佳科技创新环境、最佳休闲居住环境,使西安成为绿色之城、花园之城、宜业宜居之城。

全力推进"三廊两轴两带一通道"和"八大平台"建设。打造高新技术产业、先进制造业和现代服务业等3个万亿级优势产业。培育新一代信息技术、生物医药、新材料、高端装备制造、航空航天、节能与新能源汽车6个千亿级战略性新兴产业集群,支持文化、旅游、现代物流、金融4个千亿级特色产业集群发展,建设30个"产、城、人、文"四位一体有机结合的特色小镇,形成支撑西安大发展、大突破、大跨越的新增长极。

"三廊":就是建设以高新区为引领、"高新区+航天基地+沣东新城+大学城+科研院所"等区域为依托的科创大走廊,打造"创新增长极";以经开区为引领、"经开区+高陵组团+临潼组团+航空基地+富阎板块"等区域为依托的工业大走廊,打造"工业增长极";以曲江新区为引领、"曲江新区+楼观道文化展示区+白鹿原+临潼景区"等区域为依托的文化产业大走廊,打造"文化产业增长极"。建设以高新科技金融区为核心,沣渭能源金融区—曲江浐灞文化金融、新金融试验区为支撑的金融"金三角",打造"金融增长极"。

"两轴":就是建设延伸纵贯西安钟楼南北方向的古都发展轴,壮大以主城区为基础的传统城市中心;建设串接西咸新区沣镐遗址的新区发展轴,培育以西咸新区为依托的城市中心,打造"服务业增长极"。

"两带":就是建设秦岭北麓和渭河文化生态旅游带,打造"绿色增长极"。

"一通道":就是建设以"国际港务区+空港新城+浐灞生态区"等区域为依托的对外开放通道,打造"开放增长极"。

"八大平台":就是深化开放平台建设,发展开放经济;深化创新平台建设,发展高新技术产业;深化军民融合平台建设,发展先进制造业;深化金融平台建设,发展金融产业;深化文化平台建设,发展文化旅游产业;深化城市功能平台建设,发展商贸服务业;深化综合服务平台建设,发展民营经济;深化特色小镇平台建设,发展特色经济。

三、未来五年的主要任务

奋斗目标的实现，是靠干出来的。今后五年，我们要按照习近平总书记"追赶超越"定位和"五个扎实"要求，聚力"九加快"任务，开创各项事业发展新局面。

（一）着力推进产业升级，加快建设西部经济中心

产业强则西安强。坚持做大总量与优化结构并重、传统提升与新兴壮大并举，实施腾笼换鸟、机器换人、电商换市和培育名企、名家、名品的"三换三名"工程，推动产业向中高端跃升，以大产业支撑大西安。

1.加快构建现代产业体系

要把握供给侧结构性改革方向，一产抓特色促跨越，二、三产抓结构上规模，努力向产业中高端迈进。加快改造传统产业，构建以战略性新兴产业为引领、先进制造业为支撑、现代服务业为主体的西安特色现代产业体系。

做大战略性新兴产业。突出先导性和支柱性，实施集成电路、新型显示、光电子、大数据与云计算、增材制造（3D打印）、机器人、无人机、卫星应用、新材料等九大产业创新发展工程。集中力量确保三星闪存芯片、手机智能终端等17个总投资

2241亿元的战略性新兴产业项目投产见效，形成新一代信息技术、高端装备制造、节能与新能源汽车、航空航天、生物医药、新材料等6个规模1000亿元级的新支柱。2021年，战略性新兴产业增加值占GDP比重达到20%以上，努力打造第一个万亿级高新技术大产业。

做强先进制造业。发挥在装备制造业上形成的竞争优势，争创"中国制造2025"试点示范城市。实施"互联网+、机器人+、标准化+、数字化+"4个行动计划，加快推进通航产业园等15个总投资1123亿元的先进制造业重大项目，打造10个以上100亿元龙头企业，建设全国先进制造业中心，努力使先进制造业成为第二个万亿级大产业。

做优现代服务业。促进生活性服务业向便利化、精细化、高品质转变，推动生产性服务业向专业化、市场化和价值链高端延伸。实施服务业升级计划，加快中省市级服务业试点聚集区建设，推进25个特色重点商圈和一批特色商业街建设，建设西部时尚消费中心。做大做强文化、旅游、金融和科技服务等四大支柱性服务业，着力发展商贸、物流、会展、信息服务及电子商务等五大重点服务业，加快培育研发设计、教育培训、检验检测、特色旅游、家庭服务和健康服务等六大新兴服务业。

大力发展融资租赁、科技金融、能源金融、文化金融、大数据金融等新兴金融产业，支持我市企业挂牌上市，吸引各类金融机构聚集，加快建设西部区域性金融中心。实施"物流业倍增计划"和"电子商务倍增计划"，推进西安新筑铁路物流基地、长安航空营运基地、西咸新区现代服务贸易企业聚集区建设，加快推进西咸新区大数据和云计算项目建设。2021年，建成服务业聚集区60个以上，过亿企业150户，物流业增加值达到1100亿元，电子商务交易额达到6300亿元，建设西部商贸物流中心，使现代服务业成为第三个万亿级大产业。

2.推进开发区转型升级

各开发区是我市经济建设的主战场。进一步创新开发区体制机制，适时优化整合，使开发区从产业聚集向能级提升转变。坚持高位发展，加大开发区产业发展统筹协调和优化调整，紧盯人才高地、创新高地、产业高地，强化"一区一主业"，强化项目考核，提升对全市经济增长的贡献度。

3.壮大实体经济

实体经济是加快发展的重中之重。深入推进"工业强市"战略，实施"工业倍增计划"。加快有效投资，把招商引资作为"一号工程"，紧盯外资、内资、民资、央资、融资等"五资"抓招商，强力推进"招大引强行动"，吸引大项目、好项目落户西安。大力实施"互联网+"行动，促进互联网和实体经济深度融合，使实体经济焕发新活力。继续开展"千名干部助千企"活动，争当五星级"店小二"，营造尊重企业、亲近企业、服务企业的好环境。围绕投资拉动、项目带动，强化工业投资、民间投资和基础设施投资，始终让实体经济保持强劲发展动力。

4. 大力发展民营经济

毫不动摇鼓励、支持、引导非公有制经济发展，促进民间投资，实施"民营经济倍增计划"，民营企业数量和投资显著增加。全面落实中省支持政策，鼓励民营资本进入基础设施、金融服务、市政工程、公共服务等领域，参与国有企业改制重组。做大骨干民营企业，推动企业建立完善现代企业制度，创建更多知名品牌。构建"亲""清"新型政商关系，注重民营企业家创新精神培养，结对服务民营企业，搭建企业家论坛，畅通培训渠道，提高企业家战略眼光、国际视野，弘扬企业家精神，以企业家的高素质实现本土民营经济转型升级。

5. 进一步壮大区县经济

实施"远郊区县域经济倍增计划"，充分发挥远郊区县发展空间优势,实施"土地招商+楼宇招商",提升产业规划水平,积极承接城区产业转移,打造特色产业园区,形成特色鲜明的区县域经济板块,7个远郊区县经济总量实现翻番。城区注重"楼宇招商+土地招商",要大力发展高铁经济、空港经济、服务经济、总部经济、互联网经济、智慧经济、信息经济、旅游经济等城市经济,转变中心城区经济增长方式。实施开发区与区县结对行动,有效整合区县各类园区,促进优势互补、合作多赢。

6.加快农业现代化建设

大力推进农业供给侧结构性改革,围绕结构调整和产业化经营,积极推进"互联网+品牌农业",做强"农业两区+特色小镇"。建设粮食高产示范区,加强农田水利建设,持续抓好"米袋子""菜篮子"工程,确保粮食产量稳定在合理水平。抓好都市型现代农业示范区建设,发展和壮大新型农业经营主体,以龙头企业为带动,实现生产、加工、流通全产业链开发,提高附加值。用好电子商务致富平台,做优做强周至猕猴桃等特色农产品,培育一批有全国影响力的地理标志农产品。加快生态特色小镇建设,促进农业与旅游、文化、科技等融合发展,壮大休闲观光农业等新业态,推动现代农业建设上台阶。

（二）着力推进创新驱动发展，加快建设丝路科创中心

必须把创新摆在首要位置，抓得紧而又紧，让创新成为驱动发展新动力。加快推进国家全面创新改革试验区和高新区国家自主创新示范区建设，发挥西咸新区国家创新城市发展方式试验区综合功能，大力实施"创新能力倍增计划"，形成具有西安特色的创新驱动发展体系，推动西安制造向西安智造、西安创造转型，努力在创新驱动发展方面走在前列。

1.支持国家自主创新示范区建设

充分利用先行先试优势，在体制机制创新、科技成果转移转化、军民深度融合、科技金融结合、创新创业人才聚集、产城融合等方面率先突破，探索形成可复制、可推广的经验，打造西部硅谷，力争进入全国前三位。协调推进自主创新示范区立法工作，建立中省市协同推进机制。出台科研人员创业创新、人才引进、众创空间建设等支持政策。支持建设光电子先导技术研究院、新一代信息技术创新实验室、智能制造等一批创新型示范项目。支持高新区发展先进制造产业和现代服务业产业，把高新区建成"一带一路"创新之都和创新驱动发展引领区、大众创新创业生态区、军民融合创新示范区、对外开放合作先行区,加快迈入世界一流科技园区。

2. 建设国家军民深度融合示范城市

军民融合是国家赋予西安最鲜明的改革试验任务。要在军民融合体制机制创新、军民资源开放共享、军工科技成果转化、军民融合服务体系、军民融合产业发展等方面形成西安模式,建设国家军民深度融合示范城市。加快建立省市和国家有关部委、军方、军工单位共同推进的军民融合机制。推动军民融合共享和创新平台建设,支持军民合作共建中试基地、技术转移中心、产业孵化中心。加快建设陕西军民融合创新研究院和陕西高新技术与应用协同创新中心。加快推进军转民、民融军、军民两用技术产业化,全力推进经开区兵器工业基地、高新区军民融合产业园和航空航天产业基地建设,促进更多企业和重大项目聚集,形成一批具有国际影响力的军民融合产业集群。到2021年,军民融合产业年营业收入超过3300亿元。

3. 建设国家科技创新中心

深化统筹科技资源改革,围绕"科教强市",做强政策支撑平台,健全以科技大市场为核心的科技服务体系,以知识产权质押融资为特色的科技金融结合体系和专利创造、运用、保护、管理机制。鼓励科技人员依法依规兼职兼薪，鼓励科技人员离岗从事科技成果转化工作。深入推进科技成果使用权、处置权和收益权改革，开展股权和分红激励试点。强化企业技术创新主体地位，扶持一批科技小巨人成长壮大。

做强双创孵化示范平台，稳步推动众创、众包、众扶、众筹平台发展，构建"5552"的成长格局，以高新、曲江、碑林、长安、雁塔等五区为主阵地，以校区、院区、园区、街区、社区等五区联动为主要途径，建成500个以上众创空间聚集区和特色区，众创空间面积达到2000万平方米以上，全面完成国家小微企业创业创新示范城市建设任务。

做强产学研合作发展平台，强力推动以大学科技园为骨干引领的产学研紧密结合体系，加快建设中国西部科技创新港，推动大学、科研院所与企业双向开放，复制推广西安光机所、西北有色院"一院一所"改革经验，转化一个创新成果，培育发展一个企业。

做强成果转化平台，抓好国家技术转移西北中心、国家知识产权军民融合试点运营平台、西安股权托管交易中心建设，发挥天使投资、风险投资、科技转化引导基金作用，促使科技与金融结合，推动西北人才大市场、技术大市场和资本大市场聚集融合，营造更优的创业创新环境。

4.建设国家创业创新人才高地

加快实施"人才强市"战略，突出"高精尖缺"导向，吸引更多国内外领军人才和创新团队，以高层次高技能人才引领高水平发展，以人才优势增创发展优势。实施引进高层次人才"5531"计划，用五年时间引进和培养国内外顶尖人才50名左右、国家级领军人才300名左右、地方级领军人才1000名左右。同时建立重点工程技术实验室和博士后工作站100个，引进优秀创业团队和创新团队1000个，人才竞争力和人才贡献率居于全国副省级城市前列。实施"城市合伙人"计划，吸引更多海内外高端人才和年轻人。同时，加强各类人才培养，最大限度留住在西安大学生、研究生、科研人员等各类人才，使西安成为海内外青年人才创业创新的"天堂"。以人才满意为第一标准，积极创新服务模式，贴心贴近、精准细致地做好人才服务工作，让天下英才爱西安、创业创新在西安。

（三）着力深化改革开放，加快建设内陆型改革开放新高地

"一带一路"战略将改变西北地区开放格局，使西安迈入向西开放的前沿位置。我们要找准定位,提升格局,完善通道,做实平台,向开放要活力,实施"开放经济倍增计划",增创对外开放新优势。

1. 打造"一带一路"战略支点

"一带一路"战略是古都西安再现繁荣盛世千载难逢的机遇。作为古丝绸之路的起点城市和新丝绸之路的重要支点城市,西安必须肩负起向西开放的龙头重任。要深度融入"一带一路"国家战略,做好东进西拓、南下北上开放文章,加强与长江经济带、京津冀、中原、成渝等城市群战略互动,形成全方位开放新格局。提升西安国际陆港、航空港、海关特殊监管区、口岸等四大平台功能,建设"一带一路"国际粮油及冷链物流基地,最大程度发挥中转枢纽港作用。加快推进国家级欧亚经济综合园区核心区、中亚商贸物流园、中俄丝路创新园等建设。优化进出口结构,发展新型外贸业态,促进跨境电子商务健康快速发展。鼓励支持开发区及有条件的企业"走出去",建设海外仓、境外国际合作园区,培养本土跨国公司,拓展"海外西安"发展空间。要抓紧构建国际化合作新平台,用好物流中心、保税区、出口加工区和自贸区平台,用好欧亚经济论坛平台和品牌,办好丝博会暨西洽会等展会,加快铁路公路建设,推进西安加速融入欧亚合作发展，加快同沿线国家广泛开展多领域交流合作。结交更多友好城市，加快西安领事馆区建设，争取更多国家开设领事馆和办事机构，推进西安在丝绸之路沿线重要节点城市设立办事机构。

2. 全力推进自贸区建设

西安自贸区是陕西自贸区的核心区，担负着推动"一带一路"沿线国家城市经贸合作和人文交流的主要责任。坚持以制度创新为核心，以自贸区建设倒逼改革，在政府职能转变、投资管理、贸易服务、金融开放、事中事后监管、法制保障等领域探索形成一批可复制、可推广的创新成果，形成投融资便利化、贸易便利化、物流便利化、监管服务便利化、人员往来便利化的制度高地。统筹推进西咸新区、高新区、经开区、国际港务区、浐灞生态区等自贸区功能区建设。特别是要及时把取得的经验推广复制到我市其他区域，发挥示范引领作用，打造富有西安特色的制度创新中心、商贸物流中心、金融中心、文化交流中心和先进制造业中心，使西安由"跟跑"开放成为新的开放前沿。

3. 深化供给侧结构性改革

持续用力抓好我市"三去一降一补"重点任务落实。推进供给端和需求端协同发力，充分发挥市场配置资源决定性作用和更好发挥政府作用，着力减少无效和低端供给，扩大有效和中高端供给，提高全要素生产率。加快现有产业、企业动力修复，提升整个供给体系质量，形成消费和供给良性互动、需求升级和产业升级协同共进的格局。

4.打好全面深化改革攻坚战

要向改革要红利，抓好重大改革试点，激发和释放市场主体活力，为经济持续健康发展提供强大动力。推行"行政效能革命"，深化"放管服"改革，围绕"最多跑一次"，探索"一枚图章管审批"。推进"互联网+政务服务"体系建设，以权力清单、责任清单、企业投资负面清单、财政专项资金管理清单和政务服务网为抓手，打造"审批事项最少、办事效率最高、投资环境最优"的政务生态系统，建设阳光服务型政府，着力解决"办事难"，当好服务企业和人民群众的"店小二"！深化国有企业改革，大力发展混合所有制，加快形成有效制衡的公司法人治理结构、灵活高效的市场化经营机制。深化投融资体制改革，加大金融支持实体经济、中小企业力度，切实解决融资难、融资贵问题。积极稳妥推进农村集体产权制度改革，支持高陵六项国家级改革试点，进一步释放农业农村发展活力。加快户籍制度改革，有序推进农业转移人口市民化。深入推进城市执法体制改革。统筹推进经济、政治、文化、社会、生态文明和党的建设等各领域改革，抓好一批群众看得见、得实惠的改革事项。

（四）着力彰显文化特色，加快建设丝路文化高地

文化是城市的灵魂，文化积淀深厚是西安最独特的优势和最靓丽的名片，加快实施"文化强市"战略，是每一位西安人的光荣责任。

1. 彰显世界历史名城魅力

倍加珍惜呵护宝贵的历史文化遗产，充分发挥历史文化、盛世文化、丝路文化、红色文化、秦岭文化资源优势。深入挖掘周、秦、汉、唐优秀传统文化价值，开展"古镇、古村落"地名文化遗产认定，恢复好、保护好、展示好西安的古遗址、老街区、名建筑，让市民"记得住乡愁"。大力推进丝路文化交流，积极承办和举办丝绸之路国际电影节、艺术节等文化盛会，加强文化交流互访，提高西安文化辐射力。展示好八路军西安办事处纪念馆遗址群、红军长征过境西安遗址群、西安事变纪念场馆遗址群等革命遗迹，树好西安红色文化之城形象。挖掘利用好秦岭自然、宗教、诗词文化内涵，打造山水文化、传统文化和现代休闲文化交汇融合的多元文化体验区。

2.大力提升古都市民文明素养

以培育和践行社会主义核心价值观为主线，巩固深化全国文明城市创建成果。大力实施市民文明素养提升行动，加强社会公德、职业道德、家庭美德、个人品德教育，推动家庭、家风、家教建设，深入开展"尚德西安"、"西安好人"、"最美西安人"和群众性精神文明创建活动，激发人民积极向上的精神力量。用好用活西安丰富的党史资源，加强党对意识形态工作的领导，强化网上思想文化阵地建设，高扬主旋律、弘扬正能量，讲述西安好故事、传播西安好声音。

3.大力发展特色文化产业

实施"文化产业倍增计划"，围绕"文化+人脑+电脑"，用更好的文化、创意、技术、模式和机制推动文化产业大发展，让西安陈而弥香的文化"家底"四溢飘香。促进"文化+"与生态、旅游、科技、金融、会展深度融合，加快发展一批动漫、音像、传媒、视觉艺术等文化创意产业园区，加快建设高新、曲江国家级文化和科技融合示范基地、国家数字出版基地和国家广告产业园，创建国家对外文化贸易基地，建设全国文化创意中心。大力实施"名城、名家、名作"工程，出版《大西安印象》等丛书，做大做强西安影视、仿唐乐舞、西安鼓乐、秦腔等特色品牌，推出一批反映城市精神气质、文脉底蕴的"大戏、大片、大剧、大作"，推动西安文艺创作从"高原"向"高峰"迈进。深化文化体制改革，理顺文化产业管理机制，加快市属文化企业改制，培育壮大民营文化企业和小微文化企业，促进各类文化企业快速健康成长。

4. 丰富人民群众精神文化生活

深入实施文化惠民工程，持续开展红五月音乐会、夏日文化广场、秦腔电视大赛等品牌文化活动，推动各类公共文化设施免费向社会开放，构建全市中心城区15分钟文化圈、乡镇30分钟文化圈，打通公共文化服务"最后一公里"。完善公共文化服务体系，加强社区文化中心、农村文化中心等基层文化阵地建设，促进全民阅读，打造"书香之城"。加强非物质文化遗产传承和发展，加快秦腔艺术博物馆、西安近现代历史博物馆、丝绸之路中国非物质文化遗产博物馆等建设，打造"博物馆之城"。

5. 构建全域旅游大格局

要以旅游带动文化大发展，实现旅游强市，推进西安全域化旅游和最具东方神韵的国际一流旅游目的地城市建设，实现景点内外一体化，让人人是旅游形象、处处是旅游景点。实施"旅游产业倍增计划"，以构建大西安历史文化名城体系和大遗址保护为重点，加快临潼秦唐文化、古城旅游聚集区、小雁塔历史街区等13个旅游集聚区建设，大力发展古城文化游、自然山水游、休闲度假游、乡村古镇游、农业观光游、工业遗存游、会展游、养生养老游等多元化旅游业态，培育一批旅游特色小镇。大力推进"旅游+"行动，促进旅游上下线深度融合发展。完善旅游交通标识，加快西安游客接待中心和旅游数据中心建设，打造"智慧旅游"城市。积极开展与丝绸之路沿线国家和周边城市的旅游合作，打造精品线路，不断扩大西安旅游"版图"。

（五）着力构建交通体系，加快建设国家综合交通枢纽

构建航空线路、高铁线路和高速公路"三路"为主体的现代化综合大交通体系，构建以西安为中心的交通圈、经济圈和旅游圈，将西安打造成为丝绸之路经济带新起点。不断提升航空枢纽、铁路枢纽、高速公路枢纽、物流枢纽功能，拓展通达深度与广度，推进西安与国内外城市互联互通，加入全球主要交通枢纽城市行列。

1.构建国际开放门户

加快建设西安国际空港、国际铁路港和国际公路港，拓展国际国内陆上物流网、空中物流网和空中客流网，形成"三港三网"开放新格局，努力将国际港务区建设成为中国最大的内陆港，打造连通世界的西部国际交通门户。加快西安咸阳国际门户枢纽机场建设，启动西安咸阳国际机场三期扩建工程，打造以全货机运输为重点的货运基地。按照"丝路连通、欧亚加密、美澳直航、货运突破"的原则，织密国际航线网和国内干线网，新增40个国际通航点，形成连通国内主要城市和国外50多个城市280多条航线网络，建设空中丝绸之路。加快空港新城建设，以增加全货运航线和跨境电子商务为突破口，大力发展航空物流，壮大临空经济，向蓝天要效益。加强与国内各海港功能对接，大力发展多式联运，拓展"长安号"国际线路，加密往返班次，加速西安融入全球经济步伐。

2.打造国家高铁和高速公路枢纽城市

持续推进高铁和高速公路建设，争取更多重点项目纳入国家规划，加快形成"米"字形国家高铁网和高速公路网。开工建设西安到重庆、武汉高铁，建成西安到成都、兰州、银川、延安高铁，实现3小时到达周边城市群，4至6小时到达长三角、珠三角、京津冀的快速便捷的高速铁路网。加快市域"四主站""两辅站"铁路枢纽建设，形成高铁环线，实现与航空、地铁、公交等无缝对接。加快关中城际铁路建设，开工建设西安到韩城、阎良到咸阳空港、空港到法门寺、法门寺到西安南站城际铁路，形成"辐射+环"高速铁路网构架，实现与关中城市群高铁连接，服务大西安建设，带动关中城市群发展。加密大西安高速公路网，开工建设西咸环线南段、空港至国际港务区高速公路，实现陆港、空港一体联通。开工建设连接京昆、福银、连霍的西安大环线高速公路西段，实现县县通高速。改扩建西汉高速、西禹高速和兵马俑专用高速，形成"2环+12辐射"的高速公路网。加快推进大西安都市区新环线建设，实施国道310等一批国省一级公路改造提升工程，形成结构合理、功能完备的大西安高等级公路网络体系。

3. 加快完善市域交通体系

加快北客站至机场城际轨道建设，开工建设6条地铁，开通运营7条以上，形成市域轨道交通网，以轨道交通带动城市组团发展。建设一批连通市内各环线和绕城高速的快速道路，改造提升二、三环通行能力。加快构建以西安为中心的1小时交通圈、旅游圈、经济圈、生活圈和文化圈。大力推进"公交都市"建设，完善自行车道和慢行步道建设，构建以轨道交通为骨干、地面公交为主体、微型交通和慢行交通为延伸的市域公共交通体系和市域路网体系，引导居民低碳出行，建成公交都市示范城市。

（六）着力推进城镇化建设，加快建设宜居西安

以建设大西安为目标，加快推进西咸一体化，优化空间布局，促进城市有机更新，完善城市功能，以城市发展方式转变推动经济发展方式转变，加快向"精明增长""集约发展"转型，让城市更加宜业宜居、精致精美。

1. 科学做好大西安规划

从全国全省大局出发，运用系统性思维搞好大西安规划，提升西咸一体化发展水平，推动大西安多轴线、多中心发展，从人口、交通、产业和资源等进行一体化统筹，实现大西安与整个关中城市群规划的有机衔接，以城镇化发展方式推动经济发展方式转变。按照建设大都市的思路和标准，编制重要功能区规划，提升城市设计水平，实现产城高度融合。把握城市阶段性特征，开展2030、2049远景发展战略规划研究。扎实推进多规合一，实现城市空间布局规划、国民经济和社会发展规划、城乡规划、土地利用规划、生态环境保护规划等有机融合。深入推进新型城镇化和城乡发展一体化，围绕大西安，加快3个副中心城市、5个组团和60个小城镇建设，集中发展一批特色小镇，实现大中小城市和小城镇联动发展。推进西咸新区全面一体化融入大西安，促进城市与乡村协同发展。

2.不断完善国际化功能

全面提升国际交往便利度和交流合作紧密度，加快建设西部对外交往中心。用旅游国际化理念指导城市国际化建设，以大旅游、大企业、大学城等"三大"国际化为重点，以旅游产品、旅游服务、旅游合作和市民观念国际化为突破口，实施国际化标识改造工程，开设丝路频道，提升旅游服务国际化水平。更多引进外资大企业入驻西安，围绕外企人员聚集区，加快国际社区及国际医疗、教育、文化、体育、养老等营商生活设施建设。支持大学发展留学生教育，大力推动人才国际化，积极引进海外人才，完善公共图书馆国际服务功能。加快丝路国际会展中心等重点项目建设，提升国际展览、国际会议、国际赛事承接能力。

3.大力提升大都市品位

尊重城市历史文化和居住生态，注重城市美学，统筹协调城市景观风貌，体现"大气、美观、绿色、特色"。正确处理古城保护与开发关系，加强大遗址、历史建筑保护修复，守护城市特色。加快推进顺城巷、三学街、北院门等一批特色街区建设和背街小巷改造，打造一批精品道路、生态走廊和城市地标，不断完善城市生活功能。加快推动幸福路、徐家湾等城市片区改造，提升街道、公园、广场等城市公共空间品质，精心设计"城市家具"。加快各类停车场建设，打通"断头路"，科学布设人行立体过街设施，持续推进缓堵保畅，解决"治堵难"。推进地下空间综合开发利用，加快海绵城市和地下综合管廊建设，健全道路桥梁、景观照明等标准和规范，深化城郊区域环境治理，提升物业管理水平和覆盖率。

4.加快新型智慧城市建设

围绕"互联网+"，充分利用新一代信息技术，创新城市发展模式，推进城市管理智慧化。深入推进与市民生活密切相关的公共服务信息化建设，促进城市宜居，营造普惠化智慧生活。加强公共安全视频监控系统建设，完善精细化智慧城市管理。加快政府资源整合、流程优化和业务协同，建设一体化智慧政务。推进智慧新城、园区、小镇、社区、商圈建设，强化区域示范，打造智慧城市新地标。

（七）着力优化生态环境，加快建设美丽西安

牢固树立"绿水青山就是金山银山"的发展理念，绿水青山就是老百姓的幸福靠山！宁可在发展上适当稳一点，也不要破坏生态环境。要围绕"山青、水净、坡绿"目标，创建生态文明先行示范区，建设美丽城市、美丽城区、美丽县城、美丽集镇、美丽村庄。

1. 坚决打赢"四治一增"攻坚战

坚持山、水、林、田、湖一体化治理，齐抓共管、协同并治，坚决做到有污必治、有违必拆，坚决打破影响西安发展的坛坛罐罐，实行最严格的生态保护制度，实现生态环境质量根本性好转。铁腕治霾，保卫蓝天。打好"减煤、控车、抑尘、治源、禁燃、增绿"组合拳，划定责任网格，实施"网格长制"，加大与关中城市群联防联控，解决"减霾难"。柔性治水，全面落实"河长制"，制订水生态修复规划，持续推动浐、灞、沣、渭等水系治理，留雨水、养净水、治污水、保供水、抓节水、调季水、排涝水，再现"八水绕长安"盛景。依法治山，严格执行《秦岭生态环境保护条例》，加大秦岭北麓山系生态保护与修复，加快大秦岭人文生态旅游圈和秦岭国家中央公园建设，建好周至秦岭国家植物园，展示秦岭雄浑美景。合力治脏，开展"烟头革命""厕所革命"，建立"路长制""所长制"，综合推进城乡环境整治，积极推进城乡垃圾分类，加快现代化垃圾处理厂建设，防治土地污染，解决"治脏难"，打造清洁之城。立体增绿，持续开展"美丽西安·绿色家园"行动，加快城市道路、高速公路、高铁线路、绕城公路、通景公路等"五路"两侧绿化，加快公园和绿地小广场建设，推广楼顶绿化、立体绿化，推进城乡彩色林带和绿道建设，多种常绿树，每年增绿不少于500万平方米，打造绿色之城。

2. 推动形成绿色发展方式

坚持走生态优先、绿色发展之路，从"三个绿色"抓起，加快经济发展方式和城市发展方式转变。政府要做绿色管理者，严格落实主体功能区规划和生态隔离体系规划，严守农业空间和生态空间保护红线。提高环保准入门槛，加大环保执法力度，在保护生态环境上不能手软！以产业结构调整带动环境质量改善，持续加大能源结构调整项目、节能改造工程建设，抓好3个国家级循环经济试点，辐射带动全市循环经济快速发展。企业要做绿色生产者，强化企业环保主体责任，深化环境污染责任保险试点，实行企业环境信用评价，从严惩处偷排漏排、篡改伪造监测数据、非法处置危险废弃物等各类违法犯罪行为。市民要做绿色践行者，倡导绿色出行、绿色消费、绿色办公、绿色生活，提升全社会环保节约意识。

3. 健全生态文明制度体系

加快建立生态环境损害赔偿、党政领导干部自然资源资产离任审计和责任追究制度，完善自然资源资产产权、用途管制和有偿使用制度，建立健全自然资源变化动态监测和多元化投入保障机制，着力构建产权清晰、多元参与、激励约束并重、系统完整的环境监管体系和绿色发展评价体系，推动生态文明建设法制化、长效化，为西安绿色发展提供制度保障。

（八）着力保障改善民生，加快建设品质西安

始终坚持发展为了人民、发展成果由人民共享，共建共享生活品质之城，更加注重改善低收入群体生活，更加注重提升人民群众获得感和幸福感。

1. 决胜精准扶贫脱贫

以"两不愁、三保障"为目标，全面打好精准脱贫攻坚战，确保小康路上精准扶贫不少一人。坚持保障兜底和扶贫开发两轮驱动，大力推进"五提一保"工程，创新扶贫方式，整合各类扶贫资金，加大金融扶贫力度，完善帮扶工作机制，扶贫对象逐户核实，扶贫措施逐个落实，扶贫资金足额到位，扶贫标准逐项检查，确保包括低收入群体在内的全市人民同步迈入小康社会。

2. 提高农村发展水平

加快推进农村城镇化进程，以发展特色产业为重点，建设更多特色镇村，引导农民向小城镇和规划发展村庄集聚，有序建设一批农村新型社区和幸福新农村示范村。深入实施村庄环境提升行动，全面推进垃圾处理、污水治理、卫生改厕、村道提升等项目建设。千方百计拓宽农民增收渠道，支持农民自主创业、转移就业，鼓励外出务工农民返乡创业就业。积极引导群众养成良好生活习惯和健康生活方式，按照"西安民居"特色建设美丽集镇、美丽村庄。

3. 提高城乡居民收入水平

实施更加积极的就业政策，统筹做好高校毕业生、农村转移劳动力、城镇就业困难人员、退役军人等重点群体就业工作，解决"就业难"。健全工资正常增长机制，完善最低工资和工资支付保障制度，确保城乡居民收入与经济发展同步。拓宽城乡居民租金、利息、股息、红利等增收渠道，增加居民财产性收入。积极推进收入分配结构调整，促进城乡、行业及社会成员间收入分配关系更加合理，加强执法监督，保护合法收入。

4. 提升社会保障水平

按照"全覆盖、保基本、多层次、可持续"原则，建立健全更加公平、更可持续的社会保障制度。加快建立城乡统一的居民基本养老保险和居民医疗保险制度,确保参保率分别高于99%和97%。着力构建政府提供基本保障、市场满足多层次需求的住房供应体系,积极推进货币化保障和安置,大力发展房屋租赁市场,突出解决低收入群体住房问题,不断完善住宅小区公共服务配套,实现住有宜居,解决"住房难"。做好低保对象社会政策托底工作,确保全市符合条件的城乡困难群众应保尽保。健全完善社会救助体系,统筹推进扶老、助残、救孤、济困、留守妇女儿童关爱等福利和慈善事业发展,让保障和关爱的阳光温暖每个人。

5. 办好人民满意教育

实施"教育强市"战略,深化教育综合改革,创新教育供给模式,持续推进优质教育资源均衡覆盖。实施第三期学前教育行动计划,完善学前教育公共服务体系。加快推进城市新区学校建设,改善农村地区、贫苦地区办学条件。推广"名校+"模式,探索城乡学校互建联合体,持续扩大优质教育资源总量,实现学有优教,解决"上学难"。加快发展现代职业教育,建设西安现代职业技术学院,支持西安文理学院与驻市高校加强合作,共建重点学科及硕士学位授予点。进一步办好特殊教育和民族教育,构建具有西安特色的现代终身教育体系。

6. 推进健康西安建设

深化医药卫生体制改革，推进医疗、医保、医药"三医"联动，加快推动城市公立医院综合改革，完善分级诊疗制度，推广医疗联合体+全科医师团队、县镇村卫生服务管理一体化两种分级诊疗模式，加快城市新区医疗卫生机构和公办医院改造提升项目建设，支持民营医院发展，促进基本公共卫生服务均等化，解决"看病难"。积极应对人口老龄化，加快建立"以居家养老为基础、社区服务为依托、机构养老为补充"的养老服务体系，大力发展健康和养老事业，解决"养老难"。大力发展体育事业，加快十四届全运会场馆建设。加强食品药品安全监管，创建国家食品安全示范城市。加强疾病预防控制、医疗应急救治等，提高健康服务保障水平。

（九）着力加强民主法治，加快建设平安西安

民主法治是建设具有历史文化特色的国际化大都市的重要保障。要进一步加强民主法治建设，营造团结和谐的民主氛围、公平公正的法治环境和安全稳定的社会环境，着力打造平安西安。

1. 不断扩大人民民主

坚持和完善人民代表大会制度，支持和保证各级人大及其常委会依法履行职能，充分发挥人大代表作用，加大议案建议督办力度，强化对"一府两院"的监督。坚持和完善中国共产党领导的多党合作和政治协商制度，支持人民政协围绕团结和民主两大主题，履行政治协商、民主监督、参政议政职能，发挥协商民主重要渠道和专门机构作用。进一步巩固和壮大爱国统一战线，加强同各民主党派、工商联和无党派人士合作共事，扎实推进民族、宗教、对台、外事、侨务等各项工作。充分发挥工会、共青团、妇联等人民团体的桥梁和纽带作用，扩大人民群众有序政治参与，形成生动活泼、安定团结的政治局面。

2.深化法治西安建设

把促进社会公平正义作为核心价值追求，健全完善党委统一领导、社会各界广泛参与的法治工作推进机制，提升法治西安建设水平。加强法治政府和阳光政府建设，积极推进政府机构职能、权限、程序、责任法定化，创新和完善行政管理、行政执法运行机制，强化权力监督，提高依法行政水平。深入推进司法体制改革，加强司法监督，规范司法行为，促进司法公正。深入开展法治宣传教育和"七五"普法，推动领导干部带头学法守法，让办事依法、遇事找法、解决问题靠法成为全社会的自觉行动。推进公共法律服务体系建设，做好低收入群体法律援助服务。建立守信褒奖和失信惩戒制度，建设诚信西安。

3.推进平安西安建设

牢牢守住社会稳定和安全生产两个底线，确保社会大局和谐稳定。加快完善以公安机关为骨干、群防群治队伍为基础、科技手段为支撑、社会各界广泛参与的立体化、信息化社会治安防控体系，严厉打击暴力恐怖活动，依法惩治违法犯罪行为。健全网络安全防范体系，净化网络空间。严格落实安全生产责任制，加大安全隐患整治力度，坚决遏制重特大安全事故。完善突发事件应急管理机制，增强灾害应急救援和防灾减灾能力，力争蝉联全国综治优秀城市。

4.加强社会治理创新

加强社会治理基础制度建设，健全党委领导、政府主导、公众参与、法治保障的社会治理体系，构建全民共建共享的社会治理格局。完善社会治理和公共服务功能，推进政府由管理型向服务型转变。加大社会组织培育力度，推进有条件的事业单位转制为社会组织，引导社会组织更好参与社会事务。加强城乡基层治理，健全居民、村民自治制度，全面推行基层"党务、村务、财务"三公开制度，建立健全基层综合服务管理平台，提升管理网格化、数字化、精细化水平。强化基层公共服务，不断完善人民调解、法律顾问和"三官一律"进社区等制度。畅通信访渠道，健全源头预防和调处化解综合机制，引导群众依法行使权利、表达诉求、解决纠纷。优化人口服务管理，促进流动人口融入融合。

四、在全面从严治党中打造西安铁军

要强化从严治党责任，把各级党组织和党员干部队伍建设得更加坚强有力，打造"四铁"型西安铁军，努力在追赶超越发展上走在前列、在优化发展环境上走在前列、在用好难得机遇上走在前列、在建好政治生态上走在前列。

（一）全面加强党的领导，凝聚团结奋斗强大合力

充分发挥党委总揽全局、协调各方的领导核心作用，突出把方向、管大局、做决策、保落实，完善党委全会、常委会、党组会议工作机制，有效实施党对各个领域的领导。加强对同级人大、政府、政协和法院、检察院的领导，健全沟通协调机制。加强和改进党对工会、共青团、妇联等群团组织的领导，推动群团改革取得实质性进展。健全和落实党管武装制度，推进国防动员和后备力量建设，巩固和发展军政军民团结。

（二）加强思想政治建设，铸就绝对忠诚党性品格

始终把思想政治建设放在首位，深入学习宣传习近平总书记系列重要讲话精神和对陕西、西安工作的重要指示，筑牢信仰之基、补足精神之钙，切实增强"四个自信"，牢固树立"四个意识"，特别是核心意识和看齐意识，坚定不移维护以习近平同志为核心的党中央权威，坚决做到党中央提倡的坚决响应、党中央决定的坚决执行、党中央禁止的坚决不做。深入推进学习型党组织建设，加强和改进党委（党组）中心组学习，切实加强领导班子思想政治建设，提高领导干部政治素质和专业能力。注重发挥各级党校主阵地作用，强化思想理论教育、党性教育和专业化能力，引导党员干部把对党的绝对忠诚内化于心、外化于行。

（三）严肃党内政治生活，增强遵规守纪行动自觉

认真贯彻落实《关于新形势下党内政治生活的若干准则》，突出用好组织生活这个经常性手段，用好批评和自我批评这个思想武器，让党内生活真正成为党员干部加强党性锻炼、提高党性修养的大熔炉。严格执行民主集中制，坚持集体领导制度。认真落实"三会一课"、谈心谈话、请示报告等制

度，健全党员领导干部参加支部组织生活制度，把重温入党誓词、佩戴党徽、学习党章、查摆问题、公开整改措施等内容作为规定动作，积极探索"六个一"专题民主生活会的有效形式。各级党员领导干部，特别是党组织的主要负责同志要严守党的政治纪律和政治规矩，模范遵守党章党规，以身作则、率先垂范、以上率下，为广大党员和干部群众做出示范。

（四）加强干部队伍建设，提升忠诚担当干事本领

坚持党管干部、党管人才，认真按照习近平总书记提出的好干部"五条标准"和忠诚、干净、担当要求，严把干部选拔任用的政治关、作风关、能力关、廉洁关、品德关，使选出来的干部组织放心、群众满意、干部服气。认真落实省委鼓励激励、容错纠错、能上能下"三项机制"，树立鲜明的干事导向，以实绩论英雄，以服务企业、服务群众的质量分高下，让不想干事、干不成事的人丢面子、腾位子，让想干事、干成事的人有面子、有位子。班子建设要聚焦战斗力、增强战斗力、服务战斗力，在志同道合中凝聚战斗力，在同心同向中增强战斗力，在攻坚克难中检验战斗力。重点看干部在大局下行动的向心力、在艰苦环境下奉献的忍耐力、在急难险重挑战下的执行力，打造一支同心同德、步调一致、能征善战的优秀干部团队。大兴干事文化，定期举办追赶超越"擂台赛"，广泛开展"学先进、找短板、创一流"和"六讲六比"活动，以"事不过夜马上就办"的作风抓落实，形成崇尚实干、拼搏超越的干事氛围。要强化舆论监督和群众监督，提升《每日聚焦》和《问政时刻》栏目质效，坚决整治"慵、懒、散"，强力解决不作为、慢作为、乱作为等作风顽疾。

（五）强化基层组织建设，筑牢固本强基战斗堡垒

坚持抓基层、打基础，全面提升基层党建工作水平。巩固扩大各领域基层党的组织覆盖和工作覆盖，突出国企、学校、非公经济组织和社会组织党建工作，推动基层党组织在引领发展、服务群众、凝聚人心、促进和谐中彰显先进性。选优配强基层党组织带头人，培育选树先进典型，加强基层党务工作者能力建设，加强离退休干部党支部建设，常态化开展软弱涣散基层党组织整顿。深化基层服务型党组织创建，推动力量、投入、资源和工作向基层下沉，让"最后一公里"成为"最畅一公里"。加强党员队伍建设，提高党员发展质量，重视、关心和支持基层，努力使每个基层党员干部都成为服务群众、真抓实干的先锋模范。

（六）坚持不懈正风反腐，永葆清正廉洁公仆本色

巩固反腐败斗争压倒性态势，坚持惩治腐败力度决不减弱、零容忍态度决不改变。认真落实党委主体责任和纪委监督责任，严格执行党章党规，强化自上而下的组织监督，改进自下而上的民主监督，发挥同级相互监督作用，不断增强自我净化、自我完善、自我革新、自我提高能力。持之以恒抓好中央八项规定精神和省委实施意见、市委22条措施落实，巩固拓展好党的群众路线教育实践活动、"三严三实"专题教育、"两学一做"学习教育成果，推动党风政风持续好转。坚持把纪律挺在前面，守住廉政底线，用好监督执纪"四种形态"，抓早抓小、防微杜渐。推动巡视监督全覆盖，开展区县党委巡察工作，更好发挥巡视巡察作用。坚持有腐必反、有贪必肃，严肃查处发生在群众身边的"小官大贪"和"微腐败"。严格落实《中国共产党纪律检查机关监督执纪工作规则（试行）》，扎实推进监察体制改革，健全权力运行制约监督机制，在全社会营造崇尚廉洁的良好风气。

同志们，追赶超越是一场比智慧、比速度、比耐力的大擂台，好比逆水行舟，不进则退，慢进也是退。今天的西安，实现追赶超越，"天时""地利"已经齐备，关键看"人和"，关键要看我们每名党员干部在这场比赛中干得怎么样。我们要用实干来诠释对党忠诚的誓言！这就注定了今后五年不是四平八稳、轻轻松松的五年，而是加速快跑、辛辛苦苦的五年，需要我们开明开放、创新创优、顽强拼搏、奔起直追！

同志们，今天西安发展的接力棒历史性地交到我们手中，全市上下要横下一条心、拧成一股绳、同唱一首歌，那就是：振兴大西安、再创新辉煌。要以苦干实干拼搏干的精神，以真抓实干、马上就办的具体行动，撸起袖子加油干，甩开膀子加快干，在这场追赶超越的竞赛中，跑出加速度，干出好成绩，让生活和工作在大西安的每一个人，都有获得感、幸福感和自豪感！

同志们，梦想照亮前方，道路就在脚下，奋斗正当其时。让我们更加紧密地团结在以习近平同志为核心的党中央周围，高举中国特色社会主义伟大旗帜，在省委的坚强领导下，团结带领全市干部群众，共同建设美丽幸福的大西安，为中国共产党成立一百周年交上一份满意的答卷！

打造忠诚担当干净的铁军战士

王永康

2015年春节前夕，习近平总书记来陕视察时，提出了"追赶超越"的定位和"五个扎实"要求。这一科学论断吹响了我省追赶超越发展的集结号，是我们干事创业的总目标、总纲领、总遵循。

按照习近平总书记来陕视察讲话精神和省委"四个走在前列"的要求，我市出台了《中共西安市委关于从严加强干部队伍建设打造追赶超越西安铁军的决定》，旨在打造一支"对党忠诚、勇于担当、干净干事、充满活力"的西安铁军，为奋力追赶超越、决胜全面小康、加快建设具有历史文化特色的国际化大都市提供坚强的队伍保证。

最是情怀出本心。"感人心者，莫先乎情"，忠诚、担当、干净是共产党人宝贵的政治情怀。只有一举手、一投足充盈真情，我们才能锻造品格、洁净灵魂，不断凝聚力量，奋力前行。

要有以身许党、绝对忠诚的家国情怀

《大学》有云："古之欲明明德于天下者，先

治其国；欲治其国者，先齐其家；欲齐其家者，先修其身。"两千多年前这段经典的文字，将国家、社会、家庭和个人串连成一个密不可分的整体。

这种被称为"家国情怀"的情感，奠定了万千国人修身、齐家、治国、平天下的道德理想和行为准则，并一直引领着无数仁人志士为国家富强、人民安康而不懈奋斗。

家是最小国，国是千万家，每个人的生命体验都与家国紧密相连。家国情怀浸透着个体对国家和人民的深情大义，是个体对国家的一种高度认同感、归属感、责任感和使命感。古往今来，这种高尚情怀极大地鼓舞士气、凝聚力量、振奋精神，既利国利民又利人利己。

家国情怀的核心，就是"忠"字当先。西安铁军的"军魂"，就是要绝对忠诚、铁心向党，做到"千磨万击还坚劲，任尔东西南北风"。无论何时何地，都要始终以讲政治为第一要求，对党绝对忠诚，坚定共产主义远大理想和中国特色社会主义共同理想，在思想深处、具体行动上都始终把党置于无比崇高、神圣不可侵犯的地位，在党爱党、在党言党、在党忧党、在党为党，做到热爱党、拥护党、永远跟党走；都要牢固树立政治意识、大局意识、核心意识、看齐意识，衷心爱戴习近平总书记，衷心拥护以习近平同志为核心的党中央，坚定不移地维护党中央权威和党中央集中统一领导，不断对标对表、校正紧跟，做到认识上一致、思想上统一、政治上同心、情感上认同、行动上同步。

忠诚是做人的一种优秀品质，对亲人、朋友、组织都要做到忠诚。在这些忠诚之中，党员干部对党的绝对忠诚，是一种更纯粹、更无私、更可贵、境界更高的忠诚。每位党员干部都要牢记第一身份是共产党员，第一职责是为党工作，做到任何时候都与党同心同德。

作为西安铁军的一员，只有做到以身许党，对党绝对忠诚，时刻把党的事业、人民的冷暖放在心头，时刻把追赶超越的使命、城市发展的重任扛在肩上，才能把自己的命运和党的命运紧密联系在一起，在大时代的洪流中，书写自己的精彩篇章。

要有不忘初心、情系人民的为民情怀

一切为了人民是中国共产党出发的原点，是立党的初心，也是我们打造西安铁军的根本出发点。这就决定了我们要始终秉持以人民为中心的发展思想，坚持一切为了人民、一切依靠人民，把发展成果最广泛地体现在广大人民生活不断改善上，体现在老百姓的好日子中，不断把为人民造福事业推向前进。

邓小平同志"我是中国人民的儿子"的深情告白，清晰表达了对人民的赤子之心；习近平总书记多次指出，我们要永远保持对人民的赤子之心。虽然岁月流淌、时势演进，但确保对人民的赤子之心永远纯粹洁净，始终秉持全心全意为人民服务的宗旨永不过时、永不褪色。

情系人民，就是要想人民之所想、急人民之所急。古往今来，许多有作为的官都是以关心苍生疾苦为己任的：范仲淹的"先天下之忧而忧，后天下之乐而乐"如此，郑板桥的"些小吾曹州县吏，一枝一叶总关情"如此，于谦的"但愿苍生俱饱暖，不辞辛苦出山林"亦如此。

我们是党的干部、人民的公仆，更要情系人民。一方面要把蛋糕做大，加快经济发展；一方面还要分好蛋糕，共建共享发展，为实现人民群众学有所教、劳有所得、病有所医、老有所养、住有所居的美好生活而不懈努力。

无论是党的好干部焦裕禄、新时期党员干部的楷模牛玉儒、一心一意为老百姓办事的谷文昌，还是践行党的宗旨、捍卫公平正义的邹碧华，新时期共产党人的楷模、果业专家李保国，都用行动诠释了一切为了人民的精髓，都是值得我们永远学习的不朽灵魂。

每一名领导干部都来自于人民，都是组织培养、人民信任的结果。这就要求我们要不忘初心，牢记根本，为官一任，造福一方。只有践行好党的群众路线，靠近群众、融入群众、关心群众，恪尽职守、尽心竭力，讲奉献、有作为，我们才能不辜负党和人民的信任。

情系人民，就是要时刻牢记群众利益无小事。人民群众对美好生活的向往，是我们努力奋斗、奋力奔跑的目标。当前，西安正站在加速转变经济发展方式和城市发展方式的重要节点上，正奋力奔跑在向万亿级城市迈进的征程上，正挺立在建成小康社会和建设国家中心城市的潮头上。人民群众都渴望着一个美好的大西安能够从蓝图变成现实，都渴望着这座城市能够更加"宜居宜业"。

为此，我们必须更加坚定地站稳人民立场，把人民放在心中最高位置，积极回应人民群众的期待，下大力气解决减霾难、治堵难、治脏难、办事难、就业难、上学难、看病难、住房难、养老难等民生"九难"问题，下真功夫推进烟头革命、厕所革命、行政效能革命等"三个革命"，让天更蓝、水更清、空气更新鲜，办事更便捷、更舒心。要从一件件实事干起，从一桩桩具体的事情做起，从细微处把最广大人民的根本利益实现好、维护好、发展好，让人民群众有充足的幸福感与获得感。

要有担当重任、再创辉煌的历史情怀

西安见证了中国历史上最辉煌的时代，大汉雄风、盛唐气象数千年来一直浸润着这片土地，每一个西安人内心深处都有自己对往日盛世的寄托，都有对未来生活的憧憬和向往。

中华民族的伟大复兴，就是要重新昂然屹立于世界民族之林。秦岭脚下、渭水之滨的这片土地，曾演绎了中华民族数不清的辉煌灿烂，曾创造了人类文明的无数华彩乐章。作为铁军，就要铁肩向前，为谱写中国梦而逐梦前行。

两千多年前，古代中华民族的灿烂文明以长安为起点，通过丝绸之路一路向西、走向世界。以史为鉴，继往开来。今天，我们就要继续秉持先人们敢为人先、勇于开拓的精神，自觉融入和服务国家战略，扛起"一带一路"建设的重任，立足区位优势，整合资源优势，发挥产业优势，加快构建"一带一路"大通道、大平台、大园区，为大西安大发展贡献力量。

西安作为陕西的省会城市，大关中、大西北的首位城市，担负着服务"一带一路"战略、建设国家中心城市等国家使命，唯有牢固树立起高度负责的历史担当，以对历史负责的务实态度，埋头苦干、奋发向上，让大西安作为西北的龙头扬起来，才能为奋力谱写陕西追赶超越新篇章贡献力量。

文化自信是民族复兴的精神引领。周秦汉唐时期形成了中华文化的主干，西安是中华文化无可争议的中心和代表。我们要牢记习总书记"找准历史和现实的结合点，寻到魂、溯到源、找到根"的叮嘱，高举文化自信大旗，保护利用好历史文化遗存，以"文化+"发展模式，做大做强文化产业，夯实公共文化服务基础，切实把资源优势转化为发展优势，让西安中华民族文化根脉的形象深入人心、走向全球。

要有奋勇争先、攻坚克难的英雄情怀

习近平总书记指出：一个有希望的民族不能没有英雄，一个有前途的国家不能没有先锋。一支有战斗力的军队更少不了英雄的冲锋陷阵。所谓铁军，就应该是英雄辈出的战斗团体。

追赶超越就是一场比智慧、比速度、比耐力的持久战、攻坚战。无论是建设"三廊两轴两带一通道"、打造"三中心两高地一枢纽"，还是推进"三个革命"、改善"三大环境"，抑或是绘制民情大数据地图、打赢脱贫攻坚战，都面临许多难啃的骨头、难越的沟壑，需要一批又一批英雄挺身而出、迎难而上。

只要我们怀有英雄梦，向往英雄、争当英雄，西安铁军就能战无不胜、无坚不摧、无往不前。尤其是各级领导干部，要主动定位铁军英雄的角色，自觉打头阵、冲在前，以攻城拔寨、闯关夺隘的气势，以虎口夺食、猛虎扑食的劲头，敢为人之所不敢为，敢当人之所不敢当。

英雄就是要见困难就上，在紧急关头和大灾大难面前，要体现共产党员"关键时刻站得出，危难时刻豁得出"的本色，逢山开路、遇水架桥，在困境中磨炼意志，在困难中实现突破。

英雄就是要见第一就争，坚决破除"只要不出事，宁可少干事"的不良作风，坚决防止"不作为、慢作为、乱作为"，招招见实效、事事有着落，干就干第一，干就干最好。

英雄就是要见红旗就扛，"不在最好的位置上睡觉"，身先士卒，冲锋在前，以实际行动化作无声的命令、强大的感召，让下级党组织看到榜样，让党员干部看到希望，让人民群众看到信心。

要有修身慎行、清廉自守的本色情怀

铁军就要筑牢防线、守住底线、不越红线，克己奉公、清正廉洁；就必须加强自我修养，以身作则、以上率下，带出好队伍，打造风清气正的政治生态。

坚守底线，就是要以克制之心自我约束。作为领导干部，手握人民赋予的权力，肩负着人民的殷切期盼，倘若做不到坚守底线，做不到主动抵御各种不良诱惑的侵蚀，就容易误入歧途，就容易将权力视为给个人谋取利益的"私器"。必须严肃认真开展党内政治生活，勇于批评和自我批评，依法依规用权，切实增强拒腐防变和抵御风险能力。

"良药苦口利于病，忠言逆耳利于行。"对底线的坚守，既要发挥自我的力量，修身慎行，又要借助外部监督的力量，筑牢防线。只有虚心接受监督，有善纳忠言的勇气和海纳百川的胸怀，秉承"闻过则喜"的态度，虚心接受来自不同方面的批评与监督，才能明辨是非，时刻保持警醒之心、敬畏之心。必须把信任激励同严格监督结合起来，做到有权必有责、有责要担当、用权受监督、失责必追究。

是非明于学习，境界升于自省，名节源于修养，腐败止于正气。我们要认真落实党内法规，自觉维护党章党规的严肃性和权威性，严守政治纪律、组织纪律、廉洁纪律、群众纪律、工作纪律和生活纪律，调高标尺，强化作风，不在推杯换盏中丢掉党性，不在小恩小惠中舍弃原则，不在轻歌曼舞中丧失人格。

李大钊说"威武不能挫其气，利禄不能动其心"，蔡和森说"忠诚印寸心，浩然充两间"，这些用生命写下的诗篇，都浸透着共产党人的气节和风骨。我们要信守忠诚老实、光明坦荡、公道正派、实事求是、艰苦奋斗、清正廉洁的政治文化，善于从传统文化、红色文化、社会主义先进文化中汲取养分，旗帜鲜明地抵制和反对关系学、厚黑学、官场术、潜规则，确保信仰深沉执着，保持干净干事的良好作风。

全市广大党员干部要甘于清贫、耐住寂寞，堂堂正正做人，清清白白做官；要切实担负起"两个责任"，加强党风廉政建设，把权力关进制度的笼子里；要自觉树立正确的人生观、价值观，摒弃官本位思想，坚持权为民所用，全心全意为人民谋取福利。

图书在版编目（CIP）数据

大西安三六九 / 中共西安市委, 西安市人民政府编. --西安：西安出版社，2017.6（2022.12重印）
　ISBN 978-7-5541-2233-4

　Ⅰ.①大… Ⅱ.①中… ②西… Ⅲ.①城市发展战略—研究—西安市 Ⅳ.①F299.274.11

中国版本图书馆CIP数据核字（2017）第129056号

大西安三六九
Da Xi'an SanLiuJiu

编　　著：	中共西安市委　西安市人民政府
项目统筹：	屈炳耀
策划编辑：	史鹏钊
责任编辑：	张增兰　范婷婷　任　晔
责任校对：	张爱林　陈　辉　张忝甜
装帧设计：	朱丹萍　纸尚图文设计
出版发行：	西安出版社
	（西安市曲江新区雁南五路1868号影视演艺大厦11层）
电　　话：	（029）85253740
邮政编码：	710061
印　　刷：	廊坊市印艺阁数字科技有限公司
开　　本：	787mm×1092mm　1/16
印　　张：	9.375
字　　数：	79千字
版　　次：	2017年6月第1版
印　　次：	2022年12月第2次印刷
书　　号：	ISBN 978-7-5541-2233-4
定　　价：	50.00元

读者购书、书店添货或发现印装质量问题，请与本公司营销部联系、调换。
电话：（029）85234426